AF353919

Accademia

Vittoria Scicchitano

LA SOCIOLINGUISTICA IN INGHILTERRA E NEGLI STATI UNITI

Collana Accademia
La Sociolinguistica in Inghilterra e negli Stati Uniti
di Vittoria Scicchitano
prima edizione: febbraio 2023
© 2023, Santelli editore

Gruppo Editoriale Santelli

Santelli editore *dal 1987*
Via P. Calamandrei, 1
Cinisello B. - Milano - 20092
391.4602257
www.santellieditore.it
www.grupposantelli.it

A Paolo Borsellino

Prefazione

Da alcuni decenni a questa parte esiste una vasta produzione di trattati, manuali, articoli e ricerche riferibili alla sociolinguistica anglo-americana, la quale si impegna a individuare quanto di propriamente *sociale* ci sia nella lingua e nell'uso che se ne fa. L'interesse relativo agli *atti linguistici* è maturato con un'insistenza maggiore rispetto al passato quando, nella seconda metà del Novecento, la produzione linguistica divenne il punto focale dell'analisi di molti studiosi. Da molteplici prospettive – linguistica, antropologia, filosofia, psicologia – si avverte infatti l'esigenza di scoprire quanto di generico e quanto di particolare ci sia dietro l'uso individuale del linguaggio, non seguendo vie d'analisi astratte o indirette, ma riflettendo su realtà concrete.

La sociolinguistica si propone da sempre come un campo di indagine linguistica caratterizzato da contatti pluridisciplinari: sarebbe erroneo, infatti, ridurre il tutto a una somma di sociologia e linguistica. Questa è una peculiarità intrinseca confermata dalla vastità dei contenuti, dalle tematiche trattate e dai metodi di analisi. A suo tempo, U. Weinreich ha riconosciuto il ruolo decisivo di uno studio non univoco delle lingue, specie nel considerare situazioni di plurilinguismo, con i relativi meccanismi di affermazione e diffusione delle lingue, poiché, a suo parere, è essenziale, ai fini della conoscenza, una visione complessiva di fatti linguistici come pure di fatti socio-culturali[1]. Il pregio e il difetto della sociolinguistica risiedono appunto in questa visione "polifonica" del linguaggio, e, del resto, non c'è un approccio unico allo studio sociolinguistico, tant'è che si sono sviluppate almeno due correnti dominanti (quella *correlativa* e quella *interazionale*), ciascuna delle quali ha definito autonomamente i propri criteri metodologici e il proprio apparato tassonomico. Ci sono anche divergenze relative ai campi d'interesse propriamente sociolinguistici e ai rapporti con la linguistica moderna. A questo proposito, però, l'assoluta totalità dei sociolinguisti è concorde nel ritenere inaccettabile il postulato chomskiano relativo al cosiddetto "parlante ideale". Dell Hymes obietta che l'ipotesi innatista formulata da Chomsky si presenta come un'interpretazione edenica del linguaggio e la visione che se ne ricava è «quella di un individuo astratto, isolato, quasi un meccanismo cognitivo privo di motivazioni, e non (tranne che incidentalmente), una persona in un mondo sociale»[2]. È sempre Hymes a proporre un tipo di linguistica che metta in luce i processi, le strategie, le motivazioni, le valutazioni che portano all'acquisizione di una lingua, perché un bambino che impara a parlare non viene a conoscenza della sola grammatica, ma impara a sviluppare un tipo di competenza comunicativa «riguardo a quando parlare e quando tacere, e riguardo a che cosa dire, a chi, quando, dove, in qual modo»[3]; ci sono dunque dei parametri che definiscono quanto un enunciato sia *possibile* da un punto di vista grammaticale, *realizzabile* attraverso i mezzi di esecuzione, *appropriato* al contesto ed effettivamente *realizzato* o eseguito.

Anche la *secular linguistics* auspicata da William Labov e dalla scuola variazionista ha posto, a suo modo, il problema dell'uso linguistico nel contesto sociale. Entrambe le scuole di pensiero della sociolinguistica anglo-americana hanno indagato situazioni generalmente trascurate e il rapporto tra fatti di natura linguistica e fattori extralinguistici; si deve tener conto dei ruoli di chi prende parte a una conversazione, dell'età, del sesso, della condizione socioeconomica, dell'appartenenza etnica, del prestigio di una varietà linguistica e di chi la parla, della solidarietà verso un gruppo di persone o una comunità, del senso di identità e del così seguente processo di identificazione del singolo con un gruppo o con una collettività realizzato anche attraverso il mezzo linguistico. Questi processi avvengono tramite scelte linguistiche quotidiane – l'uso di una varietà di inglese dialettale invece della lingua standard, per esempio – che hanno anche spiegazioni sociolinguistiche.

Contemporaneamente a questa disciplina, lo studio delle dinamiche della comunicazione è stato stimolato da riflessioni sulle regole dell'atto linguistico proposte in altri campi. Così J. R. Searle, sulla scia di L. Austin, ha sostenuto la natura *costitutiva* delle regole che governano l'uso linguistico e la comunicazione umana, poiché, scrive, esse «costituiscono ed anche regolano un'attività la cui esistenza è logicamente dipendente dalle regole»[4]. Si è cercato allora, da più fronti, di formulare delle modalità per individuare le norme dell'interazione sociale.

La sociolinguistica ha fornito importanti spunti in proposito, studiando «le varie realizzazioni dei significati socio-culturali che in un certo senso sono familiari e non familiari: la diffusione delle interazioni sociali quotidiane, che sono, tuttavia, relative a particolari culture, società, gruppi sociali, comunità linguistiche, lingue, dialetti, varietà, stili»[5]. Di fatto, la sociolinguistica, in particolare con le sue applicazioni a problematiche linguistiche contemporanee, ha nobilitato lo studio degli atti di *parole* nella sfera delle scienze umane e ha contribuito, con una varietà di intenti, a studiare come la produzione linguistica possa essere influenzata, a livello conscio e inconscio, da aspettative e giudizi che investono la sfera del vivere collettivo.

Lo studio correlativo del linguaggio ha permesso di formulare nuove ipotesi sui processi di variazione e di mutamento linguistico, come, ad esempio, un elemento linguistico possa affermarsi a discapito di un altro, diventando caratteristico di una varietà di lingua oppure di un codice stigmatizzato presso chi parla quella determinata varietà. L'inclusione del sesso come variabile indipendente in molte ricerche ha aperto nuove prospettive, considerata l'attuale ridotta conoscenza dei diversi modi di comunicare di uomini e donne nella stessa società, in base alle differenti attitudini a conformarsi a un modello di lingua oppure a restare fedeli a una forma comunemente ritenuta di basso prestigio. Lo studio generazionale dell'uso linguistico si è prestato a considerazioni inerenti all'instabilità della lingua individuale, testimoniando delle variazioni e delle possibilità di espansione e mutamento della lingua da noi parlata, processo che non può mai essere ritenuto definitivo e compiuto. In questo senso, le ricerche sociolinguistiche di tipo correlativo hanno messo in rilievo motivazioni come la mobilità sociale e le aspirazioni individuali all'interno di processi di variazione e cambiamento linguistico.

La sociolinguistica rivela peraltro una linea di continuità con le implicazioni scaturite dalle teorie sul relativismo culturale e linguistico che hanno avuto sostenitori autorevoli come Sapir e Whorf. Ma l'idea di una relazione tra linguaggio e società, del fatto che la lingua che parliamo possa darci un supporto notevole per la nostra personale *Weltanschauung*, era già apparsa altrove, presso Humboldt e durante il periodo romantico. Certo oggi si esclude una visione deterministica del linguaggio nel pensiero, optando per una visione più prudente e ridimensionando il peso della lingua nel processo evolutivo dell'essere umano, sapendo cioè che l'uso di un linguaggio specifico non preclude la presenza di alcuni concetti e di capacità di astrazione in soggetti parlanti eschimese piuttosto che inglese, tanto per fare un esempio. Il presente lavoro, frutto di una tesi a conclusione di un percorso di studi linguistici, si propone come un'esemplificazione sommaria dei metodi e delle tematiche studiate dalla sociolinguistica anglo-americana, soprattutto nell'uso dell'inglese e delle sue varietà, sia in campo sincronico che, limitatamente a quanto concerne la sociolinguistica, in campo diacronico. I settori studiati dalla sociolinguistica si dimostrano così ampi da riguardare l'uso funzionale della lingua, le dinamiche della variazione e del mutamento linguistico, l'uso differenziato della lingua in base a molteplici fattori, le modalità di acquisizione e apprendimento delle lingue e il loro insegnamento, le situazioni di convivenza multietnica e le possibili conseguenze di questi aspetti delle società passate e attuali sul piano linguistico.

Ringrazio vivamente il Professore Paolo Di Giovine e la Professoressa Paola Giunchi, rispettivamente relatore e correlatrice della presente tesi, per l'orientamento e l'attenzione rivolte a questo lavoro conclusivo facendone un'esperienza di studio altamente formativa.

NOTE

1 U. Weinreich, *Unilinguisme et multilinguisme*, in: *Le Langage*, a cura di A. Martinet, Paris, Encyclopédie de La Pléiade, 1968.

2 D. Hymes, *La competenza comunicativa*, in: *Universali linguistici*, a cura di F. Ravazzoli, Milano, Feltrinelli, 1979, p. 216.

3 Ibidem, p. 223.

4 J. R. Searle, *Che cos'è un atto linguistico?*, in: *Linguaggio e società*, a cura di P. P. Giglioli, Bologna, Il Mulino, 1973, p. 92.

5 J. B. Pride, *Sociolinguistica*, in: *Nuovi orizzonti della linguistica*, a cura di J. Lyons, Torino, Einaudi, 1975, p. 377, titolo originale: *New Horizons in Linguistics*, Harmondworth, Penguin Books, 1970.

Capitolo I

La Sociolinguistica

1. COME NASCE LA SOCIOLINGUISTICA

«The difficulty with sociolinguistics (...) is that it is a term which means many different things to many different people»[1].

Ciò di cui la sociolinguistica è consapevole oggi è l'eredità di «un interesse antico»[2] intorno al fenomeno *lingua*. Certo, la sociolinguistica non nasce dal nulla. Essa può contare sul validissimo apporto di una ricca tradizione scientifica – nelle scienze umane, nella linguistica, nella sociologia, nella linguistica antropologica, nella psicologia del linguaggio – attenta ai rapporti tra lingua, cultura e società.

Come disciplina, la sociolinguistica si emancipa in un passato non molto remoto, negli anni Cinquanta del Novecento, quando in Gran Bretagna e negli Stati Uniti all'interesse strettamente linguistico si aggiunge un interesse di tipo socio-politico e socio-economico: risolvere conflitti di classe, disuguaglianze e pregiudizio sociale.

Sia in Gran Bretagna che negli Stati Uniti furono aperte sedi *ad hoc* per promuovere lo studio e la ricerca sociolinguistica: Basil Bernstein, nel 1962, presiede la Sociological Research Unit dell'Institute of Education dell'Università di Londra; a Washington il CAL, Center for Applied Linguistics, fondato dall' US Office of Education, finanziava la maggior parte dei lavori di pertinenza sociolinguistica.

In Gran Bretagna l'intenzione del sociologo Basil Bernstein era quella di indagare le cause dell'insuccesso scolastico dei bambini di strati sociali culturalmente e socio-economicamente svantaggiati. Bernstein moveva dalla convinzione che nella socializzazione, «processo attraverso cui un bambino acquista una identità culturale specifica e le risposte a tale identità», sarebbe la classe sociale a far la differenza: «La struttura di classe influenza i ruoli lavorativi e scolastici e pone le famiglie in una speciale relazione fra di loro penetrando profondamente le strutture dell'esperienza di vita al loro interno. Il sistema di classe ha profondamente marcato la distribuzione della conoscenza all'interno della società»[3]. I suoi studi sui codici riflettono una realtà specifica, quella inglese, dove per Bernstein i ceti da prendere in considerazione sono essenzialmente due: *middle class* e *working class*. Il risultato doveva essere costituito da una ipotesi esplicativa del deficit scolastico e da programmi per l'integrazione del ceto basso subalterno.

Negli Stati Uniti l'integrazione del ceto meno abbiente nella *mainstream culture* divenne una questione politica non solo in senso stretto, ma anche di politica linguistica.

La constatazione che, nella nazione più ricca del mondo, milioni di persone, in gran parte di colore, al pari di altre minoranze etniche come i portoricani, i chicanos (i messicani) e gli indiani, vivevano in condizioni di povertà cronica, sollecitò un intervento governativo. Dichiarata guerra alla povertà nel 1963, con Kennedy prima e Johnson poi, si pensò all'educazione compensativa come via maestra alla pacificazione sociale. Fallito il tentativo di attuare questo tipo di compensazione, non vennero meno le sovvenzioni e le ricerche empiriche, quali gli "Urban Language Studies", però condotti nelle scuole, nei ghetti, in ambiente urbano. Messa da parte l'ipotesi del deficit di carattere cognitivo in favore di una considerazione della "differenza", verso la fine degli anni Sessanta, le disillusioni vissute e le critiche rivolte alla prima impostazione della sociolinguistica hanno condotto a un ripensamento della disciplina, delle sue applicazioni e delle prospettive.

Dopo una fase "aurea", la sociolinguistica ha oggi ridimensionato i suoi connotati di «linguistica dal volto umano»[4], che avevano affascinato non solo l'esperto ma anche il profano.

Norbert Dittmar accenna alle «grandi speranze di emancipazione»[5] riposte nella sociolinguistica. R. A. Hudson attribuisce la novità e «l'interesse diffuso verso la sociolinguistica» presso chi ha «un interesse pratico nella lingua» (come per esempio gli insegnanti) alla «consapevolezza che essa ci può dire molto sia sulla natura del linguaggio che sulla natura della società»[6]. D'altronde, che la lingua e l'uso che se ne fa possano tessere una rete di significati in termini di solidarietà e potere, e dunque di differenze non solo linguistiche all'interno di una struttura sociale, è oramai un dato di fatto da tempo acquisito. Osserva Gumperz: «La comunicazione significa potere nella società moderna post-industriale. Il controllo sulla propria vita in tutti i campi dipende dalla capacità di comunicare con efficacia; la vita privata [...] include i rapporti con le istituzioni statali; e l'efficacia negli affari, nel lavoro e nella pubblica amministrazione dipende dalla capacità di giustificare opinioni e appianare differenze»[7].

Questa percezione delle potenzialità della lingua è riscontrabile nel bambino che interagisce con gli adulti, nel giornalista che riporta una notizia, nel politico che parla alle masse, nel capo religioso che si rivolge ai fedeli, nell'avvocato che difende una causa, in chi scrive un romanzo, o anche quando si chiede un'informazione. In pratica, nella vita quotidiana di ognuno di noi.

Allo stato attuale, la sociolinguistica soffre di una certa ambiguità, dato che «non esiste nulla che somigli a una teoria sociolinguistica unificata del linguaggio»[8]. Questo perché ci sono divergenze di opinione fra chi lavora nel settore, come si vedrà più avanti. Resta la continuità dell'impegno e dell'interesse per una teoria e una pratica della sociolinguistica, confermato dalla vasta letteratura in materia: manuali, trattati, riviste internazionali.

2. PER UNA DEFINIZIONE DELLA SOCIOLINGUISTICA

Non si può negare ai sociolinguisti una grande sensibilità per l'aspetto sociale della lingua, né una propensione all'utilizzazione della sociolinguistica anche a fini pratici. U. Ammon e G. Simon auspicano: «Una sociolinguistica non mutilata, non riduttiva, non dovrebbe solo descrivere la lingua, ma chiedere sempre qual è la sua funzione sociale [...] essa dovrebbe infine elaborare una coscienza più adeguata della dialettica tra lingua e società»[9].

In ambiente anglosassone, Hudson definisce come ridondante «il socio- in sociolinguistica» e la sociolinguistica «come lo studio della lingua in rapporto con la società»[10]. Ricorda, d'altronde, come già in Firth, fondatore della "Scuola linguistica di Londra", e presso i suoi seguaci, tra cui Michael Halliday, fosse presente una *nozione sociale* della lingua. Più prudentemente, W. Downes definisce la sociolinguistica come «that branch of linguistics which studies just those properties of language which require reference to social, including contextual factors in their explanation»[11]. Peter Trudgill considera la sociolinguistica come «that part of linguistics which is concerned with language as a social and cultural phenomenon»[12], dunque operando sempre nel campo delle scienze del linguaggio.

A questo proposito osserva William Labov: «I do not believe that we need a new theory of language; rather, we need a new way of doing linguistics that will yield decisive solutions»[13]. Si finisce per far convergere, dunque, la vera linguistica nello «study of language in its social context»[14], il cui oggetto principale è lo studio della variabilità linguistica.

C'è poi una prospettiva onnicomprensiva relativamente al campo disciplinare. Secondo Dell Hymes, teorico dell'*ethnography of speaking*, la sociolinguistica avrebbe confini ben poco definiti, essendo un campo di studio disciplinare integrato dove «Il punto di partenza è costituito dall'analisi etnografica delle abitudini comunicative di una comunità nella loro totalità. Una tale analisi, a cui spetta determinare cosa vada considerato come un evento comunicativo e quali sono le sue componenti, non deve esaminare alcun comportamento comunicativo separato dal suo contesto. L'evento comunicativo viene così ad essere al centro dell'attenzione (In termini di analisi linguistica ciò significa spostare l'attenzione dall'analisi del codice a quella dell'atto linguistico)»[15]. È sempre Dell Hymes che parla di una sociolinguistica il cui «scopo finale [...] deve essere quello di predisporre la propria liquidazione»[16] nella misura in cui riuscirà a spiegare le disuguaglianze e a contribuire a una definitiva "liberazione" da queste.

Joshua Fishman, che della sociolinguistica e della sociologia del linguaggio fa un tutt'uno, sottolinea «l'interazione fra questi due aspetti del comportamento umano: l'uso del linguaggio e l'organizzazione sociale del comportamento»[17]. Per Gumperz «l'interazione verbale è un processo sociale in cui gli enunciati vengono selezionati in accordo a norme e aspettative socialmente riconosciute» in quell'universo che è «la comunità linguistica»[18].

Secondo Berruto «la sociolinguistica non si configura attualmente come un aggregato di linguistica e sociologia, bensì [...] come una prospettiva sul linguaggio nella società, una linguistica, cioè, che tiene conto saliente dei fatti sociali, insomma una sottodisciplina della linguistica»[19].

Le discordanze riguardano dunque l'oggetto d'analisi, il campo disciplinare e la filiazione della sociolinguistica dalla linguistica. Per descrivere comprensivamente le varie scuole di pensiero si tende oggi a parlare di una sociolinguistica in senso stretto e di una sociolinguistica in senso lato, di un nucleo e di una periferia, di una sociolinguistica al macrolivello e di una al microlivello, oppure ancora di una prospettiva generale e di una particolare.

3. GLI ASPETTI PECULIARI DELLA SOCIOLINGUISTICA

Per chiarire il contenuto di una tale posizione eclettica riguardo alla natura della sociolinguistica si possono meglio definire i luoghi di convergenza dei sociolinguisti.

C'è concordanza su un'analisi che studi l'attività linguistica nelle sue manifestazioni concrete, sapendo che «due parlanti non hanno mai la stessa lingua, perché non hanno la stessa esperienza della lingua»[20], situazione normale in una comunità linguistica eterogenea dove si manifesta l'uso di varietà linguistiche in un contesto pluridimensionale (costituito da fattori insieme linguistici e sociali), nell'intento di soddisfare funzioni diverse. Non esiste una lingua più efficace di un'altra per comunicare (concetto del relativismo linguistico), esistono però diversi gradi di prestigio e *status* della lingua, la quale è anche veicolo di identità sociale nella misura in cui costituisce un atto di identità da parte di chi parla e si conforma, più o meno consapevolmente, al modello di un determinato gruppo.

La sociolinguistica esamina la manifestazione concreta della competenza comunicativa e interpretativa, nonché eventuali pregiudizi, stereotipi trasmessi nell'uso linguistico, che riflettono disuguaglianze e rapporti di potere o solidarietà di classe e strati sociali. Vanno presi in considerazione, ovviamente, i livelli del sistema linguistico in cui è rintracciabile un grado di variabilità.

La sociolinguistica, infine, comprende l'analisi di situazioni di coesistenza di più sistemi linguistici, che danno luogo a repertorî verbali svariati: realtà di lingue in contatto, bilinguismo, plurilinguismo e diglossia. Per N. Dittmar la sociolinguistica ha come oggetto di analisi:

- variazione linguistica,
- mutamento linguistico,
- acquisizione della lingua,
- comunicazione sociale[21].

Nello specifico, la sociolinguistica è lo studio «della natura e delle manifestazioni della variabilità linguistica, del rapporto fra lingua e stratificazione sociale, della covarianza tra fatti linguistici e variabili sociali: un concetto centrale è qui, ovviamente, quello di variazione»[22].

Si colloca in questo ambito la *sociolinguistica correlativa*, con lo studio dei *meccanismi* della variazione e del mutamento sociale, nella convinzione che «social pressures are continually operating upon language, not from some remote point in the past, but as an immanent social force acting in the living present»[23]. E ancora Labov, mentre affronta lo studio di alcune variabili sociolinguistiche, sottolinea: «In this type of study [...] the proper object of study should not be behavior alone, or norms alone, but rather the extent to which (and the rules by which) people deviate from the explicit norms that they hold. It is at this level of abstraction that we can best develop linguistic and sociolinguistic theory»[24].

L'approccio correlativo si serve in gran parte di un metodo di raccolta dei dati "quantitativo" e della sua valutazione in termini probabilistici insieme a rappresentazioni grafiche (come diagrammi, istogrammi e altro ancora).

Un altro tipo di approccio, detto funzionale o interazionale o interpretativo, è legato alla linguistica antropologica, allo studio delle lingue esotiche, all'etnografia della comunicazione di Dell Hymes e John Gumperz: la correlazione non è esauriente nello spiegare il comportamento linguistico, non ci sono rapporti di dipendenza, bensì di interazione reciproca tra lingua e struttura sociale. Fondamentali saranno l'analisi e l'interpretazione dell'atto linguistico, tenendo conto del contesto, delle intenzioni, del comportamento verbale e non verbale dei partecipanti. Questa impostazione viene detta anche "qualitativa" perché, rispetto al metodo quantitativo della sociolinguistica correlativa, trascura i dati tecnici per concentrarsi sulle caratteristiche degli aspetti da interpretare.

Gli studi correlativi hanno avuto un peso preponderante durante la fase di sviluppo della sociolinguistica, mentre dagli anni Ottanta in poi c'è stata un'inversione di rotta a favore dell'approccio funzionale.

Riguardo alle connessioni e ai legami con altre discipline, in alcuni settori c'è una convergenza tra sociolinguistica e altre scienze umane. Così, la sociolinguistica, al pari della linguistica, tratta questioni che possono riguardare la dialettologia, lo studio delle lingue in contatto, la creolistica – vale a dire lo studio delle lingue pidgin e creole –, la linguistica pragmatica, l'analisi della conversazione e l'analisi del discorso. La convergenza si amplia quando si aggiunge l'antropologia con l'etnolinguistica o linguistica antropologica, e con esse l'etnometodologia, che studia i rapporti tra linguaggio e cultura.

Un altro settore di interesse della sociolinguistica è la psicologia sociale del linguaggio. Già il filosofo inglese Austin sosteneva la necessità di uno studio degli atti linguistici e della lingua in rapporto alla presenza di più di una funzione. La psicologa inglese Eleanor Rosch, che elaborò il concetto di prototipo, ha individuato alcuni meccanismi umani universali nell'organizzare l'esperienza e la conoscenza e nel gestire i bisogni comunicativi. L'analisi del "comportamento non verbale", *the silent way,* è stato approfondito da Hall e dalla sua prossemica (1959).

Di solito si distingue la *sociolinguistica* dalla *sociologia del linguaggio*, discipline confinanti, ma non coincidenti. Volendo semplificare: se la sociolinguistica è «lo studio della lingua in rapporto con la società», allora la sociologia del linguaggio è «lo studio della società in rapporto con la lingua»[25]. L'accento, in questo secondo caso, è sulla società. Fishman distingue tra una sociologia del linguaggio descrittiva, una dinamica e una applicata. Nel complesso, la sociologia del linguaggio si occupa di fenomeni come il mutamento di repertorio, il plurilinguismo, la fortuna delle lingue, processi di pianificazione linguistica di ordine anche politico.

Una questione ancora aperta riguarda, infine, il rapporto istituzionale della sociolinguistica con la linguistica, oscillante tra spinte autonomistiche e collocazione della prima come sottoarea della seconda.

4. LA SOCIOLINGUISTICA E LA LINGUISTICA

«La percezione, anzi la piena consapevolezza della natura sociologica di tante questioni linguistiche esisteva in linguistica da tempo». C'erano «fondamentali spunti sociologici già nel Saussure»[26], più incline a una visione nel complesso astraente.

Così, nel *Cours de linguistique générale*, la *langue* «è al tempo stesso un prodotto sociale della facoltà del linguaggio ed un insieme di convenzioni necessarie, adottate dal corpo sociale per consentire l'esercizio di questa facoltà negli individui»[27]. E poi ancora: «Separando la *langue* dalla *parole* si separa ad un sol tempo: 1. ciò che è sociale da ciò che è individuale; 2. ciò che è essenziale da ciò che è accessorio e per lo più accidentale»[28]. L'attenzione della linguistica si rivolge principalmente alla *langue*, «nella sua essenza sociale e indipendente dall'individuo»[29]. C'è poi la conclusione del *Cours*, piuttosto esplicita: «la linguistica ha per unico e vero oggetto la lingua considerata in se stessa e per se stessa»[30].

Proprio a Saussure Labov riferisce un "paradosso" rimasto insoluto in linguistica: visto che la *langue* è un fatto sociale, la conoscenza relativamente ad essa è di proprietà di ogni membro della comunità e come tale potrebbe essere "saggiata" attraverso un parlante qualsiasi. Di fatto, però, la *parole* rivela differenze individuali nell'uso e nella conoscenza. D'altro canto, dati sulla *parole* si possono ottenere solo esaminando il comportamento degli individui quando usano il linguaggio. Ecco manifesto il paradosso: l'aspetto sociale della *langue* «is studied by observing language in its social context. The study of *parole* never developed»[31]. Sempre restando nel Novecento, si riscontra con frequenza che diversi linguisti hanno riconosciuto alla *langue* una certa attinenza col sociale. Gli esempi si susseguono nella linguistica del secolo scorso: la scuola linguistica francese e il Meillet, fedele discepolo di Saussure, non sono rimasti impassibili di fronte agli insegnamenti di Durkheim sullo status della lingua in quanto "istituzione sociale".

Il funzionalismo del circolo praghese (1929) accennava alle varie funzioni della lingua e proponeva una descrizione della lingua come sistema funzionale vedendo la lingua come "attività umana" finalizzata, «un sistema di mezzi d'espressione appropriati a uno scopo»[32]. Il modo migliore per conoscere «l'essenza e il carattere della lingua»[33] sarà inoltre la descrizione sincronica, inclusiva, secondo i funzionalisti, anche di fatti diacronici. C'è, nelle tesi di Jakobson, Karcevskij e Trubeckoj, l'attenzione alle funzioni del linguaggio, tra le quali si colloca l'accenno al suo ruolo sociale e agli aspetti pragmatici delle manifestazioni linguistiche, ai gesti. «Nel suo ruolo sociale, bisogna distinguere il linguaggio secondo il rapporto esistente fra esso e la realtà extra-linguistica»[34].

Trubeckoj, nei suoi *Fondamenti di fonologia* (1939) osserva che: «La lingua esiste nella coscienza di tutti i membri della comunità linguistica considerata e sta alla base di innumerevoli atti concreti di parola»[35]. E ha in mente il modello strumentale del filosofo e psicologo tedesco Karl Bühler (linguaggio come strumento, "organon"), quando afferma: «[...] ogni espressione linguistica ha tre lati: è nello stesso tempo una presentazione (o espressione) del parlante, un appello all'ascoltatore (o agli ascoltatori), una rappresentazione dell'argomento»[36]. Jakobson, riconoscendo che un comportamento verbale può avere in sostanza più di uno scopo, propone un modello a sei funzioni (emotiva, conativa, referenziale, fatica, metalinguistica e poetica), a cui corrispondono precisi fattori costitutivi della comunicazione (mittente, destinatario, contesto, contatto, codice, messaggio). Il linguista russo nota, poi, che «il linguaggio deve essere studiato in tutta la varietà delle sue funzioni»[37]. In pratica, però, il maggiore interesse della scuola praghese e della nascente fonologia fu indirizzato verso la funzione rappresentativa della lingua, non verso quella sociale.

Lo strutturalismo statunitense non fu invece esente da riflessioni sociolinguistiche. A Bloomfield, padre della scuola della linguistica di ispirazione comportamentista, si deve la "riabilitazione" del parlare "incolto", con il famoso articolo del 1927, *Literate and Illiterate Speech*, secondo una concezione della lingua caratterizzata in base a differenze e soggetta a valutazione sociale. Il linguista americano, comunque, fu sempre pronto a delimitare l'area di interesse della linguistica, escludendo lo studio di fattori che hanno a che fare con motivazioni, volontà e simili che, secondo lui, sono da riservare all'ambito della psicologia. La comunicazione segue uno schema di causa ed effetto, tutto ciò che avviene all'interno di questi due momenti non concerne il linguista[38].

Il mentalismo di Sapir si differenziava dal modello strutturalista di Bloomfield di stimolo e risposta, riconoscendo al contempo nella lingua un simbolo di solidarietà collettiva. Sapir definisce il linguaggio come «l'eredità puramente storica di un dato gruppo, il risultato di un uso sociale continuato»[39] negando con fermezza un'origine istintiva in base a un modello meccanicistico, dato che il linguaggio è un fatto acquisito e culturale. Da Sapir in poi è stata frequente una riflessione sul rapporto di lingua, pensiero e cultura. A lui si lega la linguistica antropologica di Boas, Malinowski e Whorf, autore quest'ultimo di una discussa tesi sul relativismo linguistico. Whorf, infatti, si inoltrò a ipotizzare un forte condizionamento della lingua nello strutturarsi del pensiero, cosicché la lingua non è solo un sistema di comunicazione ma anche un sistema attraverso il quale l'individuo «analyzes nature, notices or neglects types of relationship and phenomena, channels his reasoning, and builds the house of his consciousness»[40].

In Gran Bretagna, Firth e i suoi seguaci hanno più volte insistito sulla funzione e sul significato degli enunciati. Halliday ha dato spazio ad un'analisi funzionale della struttura linguistica.

Negli anni Sessanta è la volta di Noam Chomsky e del suo generativismo. Alla dicotomia saussuriana *langue-parole*, Chomsky sostituisce quella tra "competenza" ed "esecuzione". Le opinioni di Chomsky sulle facoltà linguistiche innate sono state aspramente criticate dai sociolinguisti, che non possono accettare l'esistenza di un parlante ideale, né ammettere che la teoria linguistica «is concerned primarily with an ideal speaker-listener, in a completely homogeneous speech-community, who knows its language perfectly»[41], dato che la lingua è un sistema che contiene una eterogeneità ordinata (orderly heterogeneity), secondo quanto sostenuto da Weinreich, Labov e Herzog (1968). E altrettanto discutibile diventa l'esclusione, da parte di Chomsky, di limitazioni e fattori che, in termini probabilistici, possono influenzare una *performance*.

La sociolinguistica batte in breccia essenzialmente tre elementi: il parlante ideale, il fattore *langue* e il fattore tempo. Per Berruto e Fasold il campo si restringe notevolmente quando si delimitano i livelli della lingua, della struttura o più precisamente della grammatica, che sono sensibili all'influenza del contesto extralinguistico: una grossa parte ne sarebbe immune (dominio dei principî della grammatica "pura"), una seconda parte può essere condizionata dal contesto extralinguistico ma è indipendente dal contesto sociale (principî della pragmatica), infine una parte minima è condizionata dal contesto sociale. Lo stesso Labov scrive: «La zone de contact entre la société et la langue est vraiment étroite»[42].

NOTE

1 P. Trudgill, *Introduction: sociolinguistics and sociolinguistics*, in: P. Trudgill (a cura di), *Sociolinguistic patterns in British English*, Arnold, 1978, p. 1.

2 W. Belardi, *Linguistica storica e sociolinguistica*, in: *Atti del Convegno della Società Italiana di Glottologia*, Roma, Il Calamo, 1998, p. 20.

3 B. Bernstein, *Classe sociale, linguaggio e socializzazione*, in: P. P. Giglioli (a cura di), *Linguaggio e società*, Bologna, Il Mulino, 1973, p. 220.

4 G. Berruto, *Fondamenti di sociolinguistica*, Bari, Laterza, 1995, p. 32.

5 N. Dittmar, *Manuale di Sociolinguistica*, Bari, Laterza, 1978, p. XIII.

6 R. A. Hudson, *Sociolinguistica*, Il Mulino, Bologna, 1980, p. 1, opera originale *Sociolinguistics*, Cambridge, Cambridge University Press, 1980.

7 J. Gumperz, *The Conversational Analysis of Inter-Ethnic Communication*, in: R. A. Hudson, **op. cit.**, p. 254.

8 G. Berruto, **op. cit.**, p. 32.

9 U. Ammon, G. Simon, *Neue Aspekte der Soziolinguistik,*

(1975), in: G. Klein (a cura di), *La sociolinguistica*, Firenze, La Nuova Italia Editrice, 1977, p. 101.

10 R. A. Hudson, **op. cit.**, p. 11.

11 W. Downes, *Language and Society*, London, Fontana, 1984, in: G. Berruto, **op. cit.**, p. 9.

12 P. Trudgill, *Sociolinguistics: an Introduction*, Harmondsworth, Penguin Books, 1974, p 32.

13 W. Labov, *Sociolinguistic Patterns*, Oxford, Blackwell, 1972, p. 259.

14 Ibidem.

15 D. Hymes, *Verso un'etnografia della comunicazione: l'analisi degli eventi comunicativi*, in P. P. Giglioli, **op. cit.**, p. 65-66.

16 D. Hymes, *The Scope of Sociolinguistics*, in: N. Dittmar, **op. cit.**, p. XIII.

17 J. Fishman, *La sociologia del linguaggio*, in: P. P. Giglioli, **op. cit.**, p. 49.

18 J. Gumperz, *La comunità linguistica*, in: P. P. Giglioli, **op. cit.**, p. 269.

19 G. Berruto, *Fondamenti*, **op. cit.**, p. 17.

20 R. A. Hudson, **op. cit.**, p. 23.

21 N. Dittmar, **op. cit.**, p. 184.

22 G. Berruto, **op. cit.**, p. 12.

23 W. Labov, *Soc. Patterns*, **cit.**, p. 3.

24 W. Labov, **op. cit.**, p. 250-251.

25 R. A. Hudson, **op. cit.**, p. 15.

26 W. Belardi, **op. cit.**, p. 14 e 17.

27 Ferdinand de Saussure, *Corso di linguistica generale*, in: G. Klein, *La sociolinguistica*, Firenze, La Nuova Italia Editrice, 1977, p. 19.

28 Ferdinand de Saussure, *Corso di linguistica generale*, in: Le-

roy, *Profilo storico della linguistica moderna*, Bari, Laterza, 1993, p. 76.

29 Saussure, ibidem, p. 37, in G. Klein, **op. cit.** , p. 19.

30 Saussure, in Leroy, **op. cit** , p. 81.

31 W. Labov, *Soc. patterns*, **cit.** , p. 186.

32 *Le tesi del'29*, Milano, Silva Editore, 1966, p. 43, in: G. Klein, **op. cit.** , p. 23.

33 Ibidem, p. 23.

34 Ibidem, p. 24.

35 N. Trubeckoj, *Fondamenti di fonologia*, Torino, Einaudi, 1971, in G. Klein, **op. cit.** , p. 29.

36 Ibidem, p. 26.

37 Roman Jakobson, *Linguistica e poetica*, in: *Saggi di linguistica generale*, Milano, Feltrinelli, 1966, p. 185.

38 Leonard Bloomfield, *Language*, New York, Henry Holt and Company, 1933, p. 32.

39 Edward Sapir, *Il linguaggio*, Torino, Einaudi, 1969, p. 4, opera originale: *Language*, New York, Harcourt, Brace & World, 1921.

40 Benjamin Lee Whorf, *Language, Thought, and Reality*, Cambridge Mass, The M. I. T. Press, 1956, p. 252.

41 Noam Chomsky, *Aspects of the Theory of Syntax*, Cambridge Mass, MIT Press, 1965, p. 3.

42 W. Labov, *La transmission des changements linguistiques*, in: *"Language"*, 108, 1992, in: Berruto, *Fondamenti*, **cit.** , p. 21.

Capitolo II

Il metodo interazionale

2. 1. LO STUDIO DEL LINGUAGGIO E IL METODO INTERAZIONALE

«The importance of a study of language, as opposed to a scientific study of a space-time event like a solar eclipse or rat behavior is that as soon as one scratches the surface of the familiar and comes face to face with the nature of language, one also finds himself face to face with the nature of man»[1].

Tanta parte della sociolinguistica contemporanea è legata al *metodo interazionale*. Prevale tra i sociolinguisti che adottano questo metodo e lo applicano a svariate tematiche un orientamento che intreccia *linguaggio* e *natura umana*, tanto che fra loro è opinione comune che non si possa giungere a una piena conoscenza del primo termine eludendo la connessione col secondo. A sostegno c'è la verità, universalmente nota, che il linguaggio è un'attività e una proprietà intrinseca al genere umano in quanto tale: «To the inarticulateness of nature (wo)man has added a new dimension-speech. S/He is the only creature who talks, in the sense of using a shared set of abstract rules for creating and communicating ideas about the world»[2].

Altro *leitmotiv*, che richiama le teorie di Vygotskij, è che «*behind all high mental processes stand real relations among people*»[3].

Fin dai suoi primi sviluppi, l'approccio interazionale (anche noto come "funzionale" o "interpretativo") si è contraddistinto per una prospettiva di analisi piuttosto "ampia". Alla base di questo metodo si pongono considerazioni e riflessioni che hanno per oggetto di studio *l'individuo* e *la società* in senso lato, *l'individuo* e *la comunità linguistica* in senso stretto; obiettivo la comprensione, dopo l'analisi e l'interpretazione, di come il singolo agisca linguisticamente nella società, dotato di una propria identità e sempre in relazione con gli altri. Momento chiave sarà *l'interazione*, dove in concreto avviene la comunicazione, la quale va studiata non solo negli aspetti "verbali", ma tenendo conto anche di aspetti "non verbali", fatti rientrare a pieno titolo nell'evento comunicativo.

Una simile impostazione, però, rende ardua l'impresa di delimitare i confini della trattazione sociolinguistica *tout court*. Scriveva Lévi-Strauss: «[...] when an event of (some) importance takes place in one of the sciences of man, representatives of neighbouring disciplines are not only permitted but required to examine promptly its implications and its possible application to facts of another order»[4], idea questa ricorrente presso molti sociolinguisti. Uno fra tutti, Dell Hymes, padre dell'*etnografia della comunicazione*, che afferma: «A general theory of the interaction of language and social life must encompass the multiple relations between linguistic means and social meaning. The relations within a particular community or personal repertoire are an empirical problem, calling for a mode of description that is jointly ethnographic and linguistic»[5], dove per "etnografico" si intende la caratterizzazione di una tipologia specifica di sociolinguistica che coinvolge studiosi ed esperti di antropologia, folklore, psicologia, etnometodologia.

Da questa prospettiva, la sociolinguistica deve molto ad altre discipline interessate ad argomenti "comuni". Così, la filosofia del linguaggio ha fornito importanti spunti con l'opera di J. L. Austin, John Searle e altri. Anche se non c'è una teoria unitaria degli *atti linguistici*, tuttavia esiste, nelle numerose ricerche in proposito, un unico indirizzo. Antecedenti autorevoli in questo campo sono stati Bühler con lo *Sprechakt*, Jakobson, Malinowski con lo studio del linguaggio primitivo.

La svolta linguistica che ha riguardato molti campi del sapere nel secondo dopoguerra fu alimentata da un dibattito sull'uso e sulle funzioni del parlare, partendo dal presupposto che *parlare è agire*.

In *"How to Do Things with Words"* (scritto nel 1958), Austin avvia un tipo di esame dell'atto linguistico attraverso l'uso degli enunciati: centrale è per il filosofo la nozione di *enunciato performativo* che «è insieme azione ed enunciato»[6], vale a dire: quando parlo compio anche un'azione. È necessaria, secondo Austin, «una nuova teoria [...] *di quel che si fa nel dire qualco sa* in tutti i sensi di questa espressione ambigua, e di quello che io chiamo l'atto linguistico [...] considerato nella sua totalità»[7]. Allora scopo di un'analisi degli atti linguistici sarà individuare eventuali forme grammaticali o lessicali che ci possano indurre a classificare un enunciato come "performativo". La categoria verbale può venirci in aiuto solo in parte perché c'è un'ambiguità del discorso implicito resa imprevedibile da quelli che Austin definisce "espedienti più primitivi": intonazione della voce, gestualità, il contesto stesso. E sempre Austin riconosce una tendenza, evidente nel periodo più recente, che pone maggiore enfasi sull' "occasione in cui viene proferito un enunciato" e sul fatto che le parole usate devono in certa misura essere "spiegate" dal "contesto" in cui erano destinate ad essere proferite, o sono state effettivamente proferite, in uno scambio linguistico[8]. Negli anni '60 Searle propone una tassonomia degli atti linguistici (illocutori) alternativa a quella di Austin: il comportamento linguistico viene da lui visionato alla luce delle "intenzioni" di chi parla. L'influenza di Searle e dei suoi *Speech Acts* (1969) è stata notevole, non solo nella cerchia ristretta dei filosofi, ma anche in altre discipline, non esclusa la sociolinguistica, dove ricorrono concetti come: "atto linguistico" e "contesto", sempre nell'ambito dell'interazione comunicativa.

Uno scambio proficuo ha contraddistinto l'approccio interazionale e in particolare il *modello etnografico* messo a punto da Dell Hymes.

Applicazioni sono state proposte dalla linguista americana Robin Lakoff, che in un saggio del 1973, *The Logic of Politeness*, sostiene l'incompletezza di una linguistica attenta solo alla grammatica della lingua e noncurante riguardo alla *componente pragmatica*: l'ironia, l'ambiguità, i giochi di parola di un atto linguistico nonché i rapporti di gerarchia sottintesi anche in enunciati apparentemente convenzionali, che mutano nel significato secondo una logica nascosta della cortesia e delle regole conversazionali, conducono ad una sola conclusione: «lo studio della componente pragmatica rientra nei compiti del linguista»[9]. Lakoff intravede sostanzialmente una linguistica rivolta anche alla "competenza pragmatica" dei parlanti, i quali nell'uso linguistico fanno riferimento a regole pragmatiche, semantiche e sintattiche, e seguono determinate regole di *chiarezza* e *cortesia* in ogni scambio conversazionale. «Le regole del linguaggio e le regole degli altri tipi di transazione cooperative umane fanno tutte parte dello stesso sistema; è futile considerare il comportamento linguistico separatamente dalle altre forme di comportamento umano»[10].

Relativamente al comportamento linguistico, la psicologia contemporanea ha guardato con una certa speranza al metodo interazionale e al suo interesse interdisciplinare; tuttavia è diffusa l'idea che, per progredire, un simile metodo dovrebbe tenere nel giusto conto il ruolo dei processi cognitivi che agiscono nella situazione linguistica e nell'interpretazione che ne fanno i partecipanti, sempre distinguendo «between the cognitive processes underlying interpretation and the motivational processes with which they interface in the production of speech and other forms of action»[11] e sempre distinguendo tra *intenzione* e *realizzazione*.

Il metodo interazionale si occupa di problemi ampiamente dibattuti in psicolinguistica e nella psicologia in genere: per esempio *l'acquisizione del linguaggio* – partendo dal presupposto che i processi relazionali come pure il significato dei segni divengano comprensibili e accettabili attraverso «a social process, beginning at birth»[12]. Molte ricerche sociolinguistiche hanno riguardato il *baby-talk* e il *motherese* (con autori quali il Ferguson e Susan Ervin-Tripp).

Da una prospettiva psicolinguistica, il modello interazionale non deriverebbe dagli sforzi di un solo studioso, ma sarebbe il risultato di un assemblaggio di teorie e studi condotti nella prima metà del Novecento: la scuola pragmatica americana, l'approccio europeo e marxista al linguaggio, l'attività dei sovietici (Vygotskij e Lurija) e di altri studiosi del linguaggio come il linguista funzionalista inglese Halliday, allievo di Firth (il quale era stato allievo di Malinowski). Quest'ultimo così scriveva: «From a sociolinguistic viewpoint, the semantic system can be defined as a functional or function-oriented meaning potential; a network of options for the encoding of some extralinguistic semiotic system»[13], e ancora: «A child learning his mother tongue is learning how to mean; he is building up a meaning potential in respect of a limited number of social functions. These functions constitute the semantic environment of a very small child, and may be thought of as universals of human culture»[14].

Quando si tratta di acquisizione di una lingua, si dovrà considerare il contesto sociale. Anche secondo Adrienne Harris la capacità di comunicare in famiglia, a scuola, nella società, è il risultato di un *processo sociale*: «*Language learning is the by-product of entering and altering the ensemble of social relations*»[15].

Così, la relazione madre-bambino, nel gioco dell'apprendimento linguistico, può servire a spiegare ed eseguire la decodificazione di una dinamica complessa dove l'adulto (in questo caso la madre) esercita particolari forme di potere. Il linguaggio permette di socializzare, ma comporta contemporaneamente una "perdita di soggettività". E se il punto di arrivo è spesso una necessaria e fondamentale comprensione reciproca per la cooperazione dei singoli in contesti sociali (si pensi al posto di lavoro), altrettanto vero è che «language is at the service of relations of production and reproduction which also distort and alienate»[16].

Le realtà delle moderne società multietniche hanno coinvolto di recente un'Europa meta di mobilità e di fenomeni di migrazione, flussi di profughi e di rifugiati: dal Nord-Africa, dall'Asia, spesso da ex-colonie. Gli Stati Uniti vantano un primato storico in questo senso. Le configurazioni sociali che scaturiscono da questa diffusa mobilità si manifestano anche nel contatto di lingue e culture storicamente diverse, contatto dove si innestano precise gerarchie e forme di comportamento individuale. Una maggiore attenzione ai diritti linguistici delle minoranze è stata generata dal riscontro giornaliero di fatti di discriminazione e pregiudizio a carico di gruppi e singoli. Il movimento per i diritti degli uomini di colore negli Stati Uniti, il femminismo in tutto l'Occidente sono due classici esempi di lotta sociale con rivendicazioni di carattere anche *linguistico*.

Il metodo interazionale si occupa anche di tutta questa complessa problematica sociale.

2. 1. 1. L'ETNOGRAFIA DELLA COMUNICAZIONE

Il metodo interazionale viene spesso associato all'*etnografia della comunicazione*, sviluppo di una sociolinguistica teorizzata e applicata da antropologi che militano nel campo linguistico, primi fra tutti Dell Hymes e John Gumperz. Sarebbe troppo riduttivo far coincidere interamente il metodo interazionale con il metodo etnografico. Diremo allora che il metodo etnografico è una fra le tante modalità d'analisi dell'approccio interazionale, dotato di un supporto teorico e di applicazioni pratiche generalmente condivise e con cui concordano molti sociolinguisti, specie quelli che non sono "linguisti" d'origine, vale a dire antropologi, psicologi, sociologi.

Lo scopo di uno studio sociolinguistico è di approfondire la conoscenza del fenomeno *lingua* in maniera più completa rispetto a quanto ha fatto sinora la linguistica *classica*: «Its goal is to explain the meaning of language in human life, and not in the abstract, not in the superficial phrases one may encounter in essays and textbooks, but in the concrete, in actual human lives»[17]. Per assolvere questo compito sarà necessario, secondo Hymes, ideare nuove forme di descrizione e classificazione «to answer new questions and give familiar questions a novel focus»[18].

Hymes parla di «taxonomies of speaking and description»[19], di fronte a una verità emergente, cioè: «communities differ significantly in ways of speaking, in patterns of repertoire and switching, in the roles and meanings of speech. They indicate differences with regard to beliefs, values, reference groups, norms, and the like, as these enter into the ongoing system of language use and its acquisition by children»[20].

Questa differenza è confermata da molti studi etnografici. Per fare un esempio, l'essere loquace è sì un tratto caratteriale, ma è valutato diversamente da società a società. Nel sud dell'India è tradizione esprimersi poco e diventare, alla soglia dei quarant'anni, pressoché muti. Lì la verbosità è fuori dalla norma, essere "comunicativi" è considerato persino offensivo. Nella nostra società, al contrario, di un bambino che parla tanto per solito si dice che sia intelligente.

Dove inizia allora lo studio sociolinguistico?

«The natural unit for sociolinguistic taxonomy (and description), however, is not the language but the speech community»[21].

Unità base è la comunità linguistica, dove l'esperto osserva sul campo le procedure dell'interazione tra i membri della comunità, consapevole di potersi imbattere in delle diversità, («all speech communities are linguistically diverse»), e attento a cogliere la funzione di eventuali differenze nella quotidianità («it can be shown that this diversity serves important communicative functions in signalling interspeaker attitudes and in providing information about speakers' social identities»)[22].

Secondo John Gumperz chi studia una comunità linguistica e i processi comunicativi messi in atto dai suoi membri in determinati contesti e situazioni, non dovrebbe spiegare *cosa avviene nella mente di chi parla*, bensì di *come ciò che viene detto venga interpretato da chi ascolta*: «In dealing with conversational exchanges we do not and need not treat the psychological issue of what an individual has in mind, but rather we focus on how intent is interpreted by ordinary listeners in a particular context»[23].

Le unità d'analisi sono dunque:
- la comunità linguistica,
- la situazione linguistica,
- l'evento linguistico,
- l'atto linguistico.

LA COMUNITÀ LINGUISTICA

La comunità linguistica è l'insieme delle persone che condividono almeno una lingua e conoscono le norme d'uso relative a contesti e situazioni.

Così la definisce Gumperz: «To the extent that speakers share knowledge of the communicative constraints and options governing a significant number of social situations, they can be said to be members of the same *speech community*»[24]. Si può tentare di far coincidere una comunità linguistica con unità sociali più grandi: nazioni, gruppi religiosi e culturali e così via. Hymes obietta però che lo spazio geografico è molto limitato: «one's speech community may be, effectively, a single locality or portion of it»[25]. Per Gumperz due sono i requisiti fondamentali per identificare una comunità linguistica: «All that is required is that there be at least one language in common and that rules governing basic communicative strategies be shared so that speakers can decode the social meanings carried by alternative modes of communication»[26]. La conoscenza condivisa è determinata dall'intensità dei contatti e dai *reticolati* sociali (social networks).

I membri di una stessa comunità possono avere un *repertorio linguistico* più o meno ampio. «The totality of linguistic resources (i.e., including both invariant forms and variables) available to members of particular communities refers to the linguistic repertoire of that community»[27].

LA SITUAZIONE LINGUISTICA

Le situazioni comunicative sono costituite dalle occasioni di incontro fra membri di una stessa comunità: cerimonie, incontri d'affari, riunioni familiari, attività sportive, feste religiose e via dicendo. Queste e altre situazioni possono considerarsi contesti dove può verificarsi – ma può benissimo anche non verificarsi – un evento linguistico. Quindi una situazione linguistica (speech situation) può essere contraddistinta dalla presenza così come dall'assenza di comunicazione.

L'EVENTO LINGUISTICO

L'evento linguistico è l'unità-base di un'analisi interazionale svolta in una comunità linguistica. «The speech event is to the analysis of verbal interaction what the sentence is to grammar»[28].

Hymes fa i seguenti distinguo: c'è una situazione comunicativa (per es. una festa), una conversazione durante la festa (evento linguistico), una barzelletta durante la conversazione (atto linguistico). Un evento linguistico può comprendere più atti linguistici. L'evento linguistico va studiato per individuare peculiari routines, regole d'uso specifiche e anche regole del comportamento non verbale.

L'ATTO LINGUISTICO

L'atto linguistico è il termine minimo dell'evento linguistico.

Un enunciato può assumere la forma di un comando a seconda di formule convenzionali, intonazione, collocazione in uno scambio conversazionale o ancora in base al rapporto tra i partecipanti all'evento comunicativo. Dietro ad un atto linguistico ci sono sia regole linguistiche che "norme sociali".

Le variabili sociolinguistiche da prendere in considerazione non riguarderebbero unicamente la fonetica, ma anche la morfologia, la sintassi e il lessico perché i messaggi sociali sono linguisticamente trasmessi da tanti elementi, non solo dalla pronuncia.

IL MODELLO "SPEAKING"

Dell Hymes ha elaborato un modello d'analisi interazionale

denominato SPEAKING, acronimo costituito dalle lettere iniziali delle componenti essenziali da prendere in considerazione.

S: (act) Situation, comprende la scena e il setting.

P: Partecipanti (Participants).

E: fini; "Ends in view" (obiettivi) e "Ends in outcomes" (effetti).

A: sequenza dell'atto (Act sequence): contenuto e forma del messaggio.

K: chiave, "Key", tono, modo o spirito con cui si comunica.

I: strumenti (Instrumentalities): scelta del canale (scritto, orale o altro mezzo di trasmissione). Forme parlate: lingua, dialetto, varietà, registro, codice. In sociolinguistica si preferisce parlare di *varietà* tout court.

N: norme (Norms) di interazione e norme di interpretazione.

G: generi, "Genres" (poesie, racconti, proverbi, indovinelli, lettere formali e informali, preghiere, orazioni, necrologi...).

La *competenza comunicativa* sarà allora la capacità di un parlante di comunicare efficacemente in contesti specifici. Questo modello ha avuto forti implicazioni per l'apprendimento delle lingue, sia prime che seconde.

2. 2. APPLICAZIONE DEL METODO INTERAZIONALE A PROBLEMI CONTEMPORANEI

Lo studio interazionale applicato a tematiche linguistiche contemporanee ha per oggetto d'analisi la *produzione linguistica* di individui, gruppi e comunità.

È fondamentale, per una buona riuscita dell'analisi, l'acquisizione, da parte di chi osserva, di una conoscenza minima di norme, tradizioni e costumi della comunità al fine di meglio comprendere l'*uso linguistico* in luoghi e situazioni specifiche. In tal caso il sociolinguista necessita di una *full immersion* nella comunità in questione per un rapporto attivo e quotidiano con i suoi membri, avendo così più possibilità di riscontrare e verificare l'uso del linguaggio in situazioni formali (test, registrazioni) e informali.

Per molti sociolinguisti chi studia il linguaggio non può confinarsi in uno studio solitario e astratto che si compie nell'ambito ristretto di un ufficio, lontano dai luoghi dove si realizzano concretamente gli atti di *parole*.

Riguardo alle applicazioni del metodo interazionale, si possono circoscrivere alcuni ambiti principali, dove si constata l'emergere di altrettante questioni-cardine, e cioè:

1. significato sociale del linguaggio;
2. linguaggio e identità, (l'interazione umana necessita di comunicazione);
3. linguaggio, educazione e sviluppo socio-economico;
4. plurilinguismo.

2. 2. 1. IL SIGNIFICATO SOCIALE DEL LINGUAGGIO

Un classico della trattatistica interazionale è lo studio condotto da Jan-Petter Blom e John Gumperz negli anni Sessanta a Hemnesberget, piccola città industriale norvegese che allora contava appena 1300 abitanti.

Sia Blom che Gumperz sono antropologi, e la Norvegia è familiare ad entrambi come luogo di studio. La realtà linguistica di questa cittadina si presta bene ad un'analisi sociolinguistica. Gli esperimenti vengono eseguiti indipendentemente da fattori quali sesso, classe, condizione economica; i gruppi si formano tenendo conto dei rapporti di maggiore o minore familiarità – il parametro qui in uso è quello della *rete sociale*.

Il repertorio degli abitanti di Hemnesberget comprende due varietà (sostanzialmente la *lingua ufficiale* e il *dialetto locale*) il cui uso si è tramandato per diverse generazioni.

Il fenomeno del *code-switching*, la commutazione di codice, viene esaminato da Blom e Gumperz perché può fornire informazioni sull'esistenza di norme sociali che, insieme a quelle linguistiche, possono condizionare il parlare, venendo in tal modo a far parte di un "unico sistema comunicativo".

La continuità nell'uso del dialetto locale, il Ranamål, accanto all'uso corrente di una delle due lingue standard, il Bokmål, va attribuita al *significato sociale* che il Ranamål riveste per gli abitanti di Hemnesberget, la quale secondo gli autori è rimasta nel tempo «an island of tradition in a sea of change»[29].

Il dialetto qui ha un certo prestigio, parlarlo è motivo di orgoglio poiché esso esprime senso di appartenenza misto a identità locale. Tuttavia, sebbene ci sia tra i parlanti la convinzione che il dialetto sia "distinto" e "distinguibile" dallo standard, il confronto diretto dimostra il contrario. Non solo a livello fonetico, ma anche morfologico e sintattico, le differenze tra Ranamål e Bokmål non sono poi tante, anzi, sostengono Blom e Gumperz, «it is almost as if all dialect variations within Norway were generated by selection of different forms from a common reservoir of alternates»; e infatti il Ranamål si distingue dagli altri dialetti norvegesi semplicemente nel modo in cui combina elementi che si ritrovano anche altrove. Quindi le variazioni vanno intese come «variables within a single grammatical system»[30].

L'ipotesi di Blom e Gumperz è che la supposta separazione tra standard e dialetto in questo caso è condizionata esclusivamente da fattori sociali ed è spiegabile attraverso il significato sociale che accompagna l'uso linguistico in determinati contesti. Infatti, mantenere il dialetto è un onore e un obbligo per la maggioranza di questi abitanti. Addirittura l'uso dello standard invece del Ranamål in alcuni contesti è spesso interpretato come un segnale di *estraneità* al gruppo, una mancanza di rispetto, e costituisce un esempio di quello che gli abitanti definiscono "knot", modo di parlare artificioso, affettato, poco sincero, sofisticato. Ogniqualvolta si usa lo standard in situazioni che normalmente non lo richiedono, ciò equivale a porsi volontariamente ai margini della comunità, e spesso ad esserne esclusi. La tradizione vuole che in passato vi fossero classi socio-economicamente subalterne, mentre una élite deteneva il potere economico e amministrativo. Proprio quest'ultimo gruppo sociale ha sostenuto l'introduzione dello standard (da esso parlato) e la lingua ha, per così dire, incorporato questa «inequality of status»[31].

Nella loro indagine Blom e Gumperz procedono tenendo conto del *setting*, insieme dei luoghi dove può esserci comunicazione: la casa – gli abitanti di Hemnesberget la preferiscono ai luoghi pubblici per una maggiore privacy; il posto di lavoro (molti negozi sono gestiti da membri di una stessa famiglia); e poi ci sono luoghi più formali: la chiesa, la scuola, gli uffici. È qui che si verificano *situazioni sociali* ed *eventi* degni di attenzione.

Gli esperimenti di Blom e Gumperz vennero eseguiti in riunioni private tra amici e conoscenti, a casa di uno di loro. Un primo esperimento riguardò un gruppo di persone residenti ad Hemnesberget: i componenti erano legati da rapporti familiari. In questo caso sembra confermato che non vi è connessione logica tra *code-switching* e cambiamento di argomento nella conversazione. La conclusione in questo caso è che c'è «a number of lexical borrowings but not a clear instance of phonological or grammatical switching, in spite of the fact that all informants clearly know standard grammar»[32].

Secondo Blom e Gumperz si può andare ancora oltre: dato che il *code-switching* ricorre in misura minore nelle situazioni in cui i partecipanti assumono ruoli in parte determinati dalle relazioni locali, si può riscontrare una maggiore incidenza della commutazione di codice determinata dal variare degli argomenti, quando diversi sono i ruoli e i rapporti tra i partecipanti.

L'esperimento con un altro gruppo comprende giovani universitari che studiano fuori da Hemnesberget. La loro tendenza è quella di usare la pronuncia standard quando il discorso verte su alcuni argomenti (per esempio, l'università), conservando ciò che nel lessico e nella morfemica del dialetto più si avvicina allo standard e agli altri dialetti norvegesi.

Il code-switching abituale, *commutazione situazionale*, è caratterizzato da alcune restrizioni di co-occorrenza ed è accettato dai locali; in questo caso, si verificano dei cambiamenti nelle relazioni di ruolo che innescano il code-switching – con uno sconosciuto si userà lo standard, mentre sarebbe poco appropriato fare lo stesso in una conversazione amichevole con un concittadino. Il parlante adatta la varietà all'occasione, passando da un piano all'altro. La *commutazione metaforica* (si passa nella stessa situazione indistintamente da una varietà all'altra), si manifesta invece quando non sono le relazioni di ruolo a mutare, ma si fa ricorso alla commutazione per ironizzare o alludere a qualcosa o ancora cambiando argomento. Facendo ricorso involontariamente allo standard, gli studenti si sono *dissociati* dalla comunità, così come si dissociano quotidianamente gli abitanti che usano lo standard in famiglia. Questi ultimi sono cittadini non originari del posto, trasferitisi qui per lavoro.

A Hemnesberget l'uso dello standard è accettato in contesti ufficiali, con gli stranieri, a scuola, nelle cerimonie, in chiesa. Chi non rispetta queste norme viene guardato con sospetto. Finché dietro l'uso del dialetto ci sarà un sistema di valori gelosamente custodito, gli abitanti manterranno l'idea di un uso distinto di Bokmål e Ranamål. Quanti invece avranno contatti con l'esterno, tenderanno a fare un uso deviante del code-switching, autoescludendosi inconsciamente dal *local team* o semplicemente non riconoscendosi più in esso.

2. 2. 2. LINGUAGGIO E IDENTITÀ SOCIALE

Da sempre i rapporti interpersonali sono facilitati dall'uso di una lingua comune, che permette una comprensione maggiore delle intenzioni reciproche nel dire qualcosa (nell'ottica dello scambio: di informazioni, nozioni, prodotti, sentimenti umani). Certo, le incomprensioni emergono anche quando si parla allo stesso modo; tuttavia le probabilità di non riuscita di uno scambio conversazionale aumentano se uno dei partecipanti non è un nativo e la sua lingua madre è un'altra.

Situazioni del genere sono oggetto di studio di molti sociolinguisti. Una raccolta a questo proposito è in *Language and social identity* (1982) dove sono contenute ricerche condotte nel Nord America e in Gran Bretagna (qui con l'aiuto del National Institute of Industrial Language Training).

Come osserva Gumperz, il presupposto di queste ricerche è

che sia l'identità sociale che l'appartenenza etnica sono determinate e mantenute attraverso la lingua.

Le moderne città post-industriali sono contraddistinte da un *pluralismo* etnico legato all'evoluzione del campo della produzione nella società del consumo immediato. Rispetto al passato, i contatti interculturali si moltiplicano, l'identità non è più una connotazione geografica, ma rappresenta un valore da conservare e tutelare anche presso altre società. Nel mondo burocratico in cui viviamo «we have to talk in order to establish our rights and entitlements», e anche sul posto di lavoro «we often rely on interactive and persuasive skills to get things done»[33].

L'obiettivo comunicativo è universale, però le modalità variano secondo le situazioni, il modo in cui si struttura l'informazione, il modo di parlare. In uno studio sull'atto comunicativo «What is at issue is how it is to be interpreted»[34]. Tre sono gli aspetti da considerare:

- uso del linguaggio;
- inferenze: procedure di interazione e interpretazione dei partecipanti dell'atto comunicativo;
- valutazione dell'atto comunicativo.

Quanto segue è l'analisi di Gumperz di un caso giudiziario verificatosi negli Stati Uniti, Sud Carolina, nel 1978, che possiamo in un certo senso considerare esemplare.

L'antefatto è il ricovero di una bambina, apparentemente per ustioni, presso un ospedale militare del posto dove viene visitata dal medico di turno, il dottor A, filippino d'origine. La bambina viene rimandata a casa, ma trascorse poche ore, viene riportata in ospedale. Le sue condizioni si aggravano fino a determinarne il decesso.

Dopo indagini sul caso, si tiene un primo processo che condanna il patrigno della bambina per abuso di minore e omicidio colposo. Tuttavia, la vicenda non è ancora conclusa, poco dopo si apre un altro processo che riguarda il dottor A. L'agente dell'FBI sostiene che il dottore avesse sospettato dei genitori, ma lo aveva volontariamente omesso nel corso del primo processo. L'accusa a suo carico è di falsa testimonianza. Il dilemma è il seguente: come si spiegano le divergenze tra la versione dell'agente e quello che il dottore dice di aver fatto e detto a suo tempo?

Viene richiesta la consulenza di un linguista, lo scopo della difesa è dimostrare che l'inglese del dottor A, sebbene parlato correntemente, presenta delle *anomalie* che possono aver falsato il suo racconto, dando all'agente l'impressione che il dottore stesse mentendo. Ci sono dei testi scritti cui far riferimento: la diagnosi, il rapporto dell'agente, le testimonianze. In aggiunta, si è voluta creare una situazione più informale, la cui collocazione (setting) è l'università e i partecipanti il dottore e un gruppo formato da Filippini bilingui e Americani monolingui. La conversazione avviene alla presenza del linguista che cambia argomento per sollecitare l'uso di varietà e osservare il modo in cui il dottore si esprime in un contesto dove si riduce lo stress.

«At any one point in the interaction, therefore, interpretation of intent is dependent on logically prior relational decisions on how utterance segments fit into what precedes and on what is likely to follow»[35], e quando le convenzioni contestuali non sono condivise «miscommunication may occur, and this may lead to pejorative judgement or conversational breakdown»[36].

Alcuni enunciati del dottore contengono una certa ambiguità. Per esempio, quando a una domanda destinata a essere confermata o smentita, risponde con un sì o con un no senza ricorrere a risposte più chiare come "yes that's right" oppure "no, I don't" e simili. La conclusione, di fronte all'uso frequente di alcune caratteristiche (l'uso di *which* come congiunzione invece di *and*, per esempio nella frase seguente: «[...] the patient has difficulty breathing *which* could be secondary to obstraction») del modo di parlare del dottor A, è di avere a che fare non con errori casuali, ma con un altro inglese, usato regolarmente dai filippini bilingui specie in situazioni informali. Diverso è anche l'uso temporale del verbo, mentre per un inglese monolingue c'è distinzione tra *present* e *past tense*, questa distinzione non è espressa nello stesso modo da un filippino bilingue. Alle domande che riguardano il passato il dottore dà risposte al presente. Questo naturalmente alimenta dubbi e incertezze.

«Question. Then I am to understand that you were really not aware at the time that you were working at Port Hueneme that a list of rules or what we call the Navy Instructions existed governing the day to day conduct and operation of the hospital?

Answer. I' *m* not aware»[37].

Ci sono dunque delle variazioni a livello grammaticale e sintattico nell'inglese parlato dalla comunità filippina residente negli Stati Uniti. Oltre alla grammatica, anche i fatti prosodici possono variare e così pause, accenti, esitazioni, tono della voce possono essere interpretati come segnali di insicurezza nel tentativo di eludere alcune domande, dando l'impressione di voler essere evasivi.

Accanto a queste caratteristiche linguistiche che falsano la comunicazione c'è infine una motivazione culturale a sostegno della non colpevolezza del dottore: presso le comunità filippine l'abuso di minori è pressoché sconosciuto, non esiste neppure il termine corrispondente. In secondo luogo, ci sono norme sociali e tabù che proibirebbero una tale denuncia, che verrebbe interpretata come una intromissione e una violazione della vita familiare altrui.

2. 2. 3. LINGUAGGIO E PROSPETTIVE OCCUPAZIONALI

Nell'ambito di riferimento del presente lavoro, un altro studio interazionale da considerare è quello diretto da Jenny Cook Gumperz in Gran Bretagna.

Come tanti altri paesi europei, il Regno Unito è diventato, specie a partire dagli anni '50, meta di flussi migratori provenienti in gran parte dalle ex colonie (India, Bangladesh, Africa settentrionale). Negli anni '50 e '60 non c'erano misure particolarmente restrittive, e molti cittadini delle ex colonie che avevano studiato seguendo il modello inglese decidevano di emigrare in Gran Bretagna in cerca di un buon posto di lavoro. Alcune ricerche confermano che alla maggior parte è stata data una occupazione inferiore alle aspettative.

Lo scopo di questo studio è dimostrare come un *processo nascosto* (hidden process) agisca all'interno del mercato del lavoro anche a un livello linguistico: «[...] discrimination has a linguistic dimension, and individuals' interaction can *reinforce* distance, difference, and stereotype, or it can *alleviate* these factors»[38].

Solitamente gli immigrati vivono in zone urbane dove minore è la concorrenza con i lavoratori del posto; tendono a svolgere mansioni lavorative di basso livello, rifiutate dai lavoratori locali, anche da quanti svolgono attività di status basso nel mercato del lavoro. Gli asiatici raramente hanno raggiunto i "piani alti" e rivestito ruoli prestigiosi.

Negli anni '70, poi, il governo ha predisposto una serie di misure per risolvere i problemi della disoccupazione. La competitività ha naturalmente favorito i cittadini inglesi, specie in industrie dove scarsa è la richiesta di capacità specifiche (lavori con macchine nel settore tessile o della produzione alimentare). Altro settore affetto da forte competizione è quello dei servizi (ristorazione, alberghi, trasporto).

Anche gli immigrati devono essere iscritti alle liste di collocamento, confrontandosi con gli aspetti burocratici del mercato del lavoro. I colloqui per la valutazione dei singoli si basano largamente sulle capacità comunicative. Le difficoltà aumentano per quanti aspirano a un lavoro nell'esercito, nell'amministrazione e in altri servizi pubblici, come la scuola o gli ospedali. In questi casi non solo è necessario un titolo di studio, ma vennero introdotti dal 1976 alcuni test per verificare la competenza linguistica.

«Language use creates a social identity for the user»[39]. La condivisione di una lingua permette di stabilire legami sociali, di gruppo e quindi di concepire anche l'esperienza lavorativa come un momento condivisibile, perché c'è la garanzia della comprensione reciproca. Incomprensioni e incertezze comunicative sul posto di lavoro sono state indagate fra 1975 e 1980 dall' "Industrial Language Training". L'ILT dal 1975 opera direttamente sui posti di lavoro, per individuare gli atteggiamenti più diffusi, tra lavoratori nativi e non, che ostacolano una piena integrazione degli immigrati in tali attività: esercizi di training con gruppi di lavoratori, immigrati e non, sono finalizzate a modificare pregiudizi, diffidenze e stereotipi diffusi tra di loro e allo stesso tempo migliorare la disposizione al dialogo in entrambi. Secondo gli autori, ci sono alcuni aspetti che vengono fin troppo trascurati: l'apprendimento di una lingua non è un fatto puramente nozionistico, avviene anzi in relazione a un processo di socializzazione che coinvolge la famiglia, la scuola, gli amici. Agli immigrati che apprendono una seconda lingua vengono meno questi importanti requisiti, e l'apprendimento avviene in una situazione di stress e disagio economico.

Una delle conseguenze dell'incapacità comunicativa nella lingua seconda è la discriminazione linguistica che limita anche le scelte occupazionali degli asiatici. Il problema va risolto creando contesti nuovi per la socializzazione linguistica.

Insieme ad un gruppo misto di lavoratori, viene preso in considerazione un colloquio di lavoro di un asiatico (indiano) aspirante bibliotecario. Gli addetti alla selezione sono inglesi. Le domande riguardano la formazione professionale, le esperienze passate e le motivazioni per il lavoro. Domande classiche, ma il candidato sembra incapace di capire i meccanismi messi in atto dai selezionatori durante l'intervista: prolisso nelle risposte, è incapace di fare le inferenze necessarie; poi, c'è una considerevole divergenza nell'uso di allusioni nell'inglese rispetto alla sua lingua madre; oltre al diverso sistema prosodico. La sua richiesta viene dunque respinta.

Il gruppo coinvolto nel training viene invitato a considerare il testo per rendersi concretamente conto di quei «involuntary processes of context-creation, and inference in key situations of evaluation and negotiation»[40]. Le persone così coinvolte in un simile approccio possono imparare a rimuovere e prevenire eventuali pregiudizi e stereotipi legati ai contatti interculturali.

2. 2. 4. STILE E LINGUAGGIO

A proposito di alcuni aspetti conversazionali del Black English, Claudia Mitchell-Kernan sostiene che il Black English è un dialetto i cui parlanti danno peso notevole all'*originalità* nell'uso. I parlanti più apprezzati godono di una certa popolarità per la capacità di usare "artisticamente" questo strumento comunicativo nell'interazione quotidiana. Di conseguenza una simile propensione ha un «direct effect upon the choice of the linguistic code in certain conversational settings and frequently explains the use of black dialect forms»[41].

Il *signifying* (sta per «esprimere, manifestare, comunicare qualcosa anche in forma implicita») e il *marking* (sta per «rendere ridicolo qualcuno imitandolo») sono due fra le tante modalità stilistiche del Black English che si affiancano a componenti non linguistiche (tono della voce, postura, espressioni del viso e simili) in grado di contribuire a modificare il *significato* di un atto comunicativo. «Pure syntactic and lexical elaboration is supplemented by an elaboration of the ability to carefully and skillfully manipulate other components of the speech act in order to create new meanings»[42].

Il *signifying*, come si evince dall'esempio che segue, è un modo di parlare (way of talking) particolarmente usato dagli afro-americani in quegli scontri verbali comunemente noti come *verbal dueling*; esso è una forma di codificazione del messaggio in cui le informazioni reali da trasmettere sono spesso sottintese e indirette.

Il *marking* è un genere tipico del racconto popolare (folk tale), in pratica si fanno citazioni di quanto è stato detto da qualcuno, imitandone la voce e gli atteggiamenti. Il *marking* è, per gli Afro-americani, quello che il *mocking* è per gli Inglesi. Questo significa accentuare alcune caratteristiche, linguistiche e non (accenti, idiomi locali e atteggiamenti del corpo), che contraddistinguono l'uso linguistico; in fondo si tratta di una riproduzione caricaturale. Eccone un esempio.

«[...] Ah'm so-o-o happy to be here today. First of all, ah want to thank all you good white folks for creatin so many opportunities for us niggers and ya'll can be sho that as soon as we can git ourselves qualified we gon be filin our applications»[43].

Imitando la parlata del vecchio zio Tom si possono attribuire a qualcuno le caratteristiche stereotipate del meridionale ignorante e rozzo, con accenti volutamente denigratori, a volte. Secondo la Mitchell-Kernan: «Because marking relies on linguistic expression for the communication of messages, it is revealing of attitudes and values relating to language»[44].

Per quanto riguarda il *signifying*, C. Mitchell-Kernan fa riferimento a delle registrazioni di conversazioni informali fatte ad Oakland, in California. Una traduzione letterale non basta per andare oltre il significato apparente. In realtà la comprensione del *signifying* deve includere alcuni valori simbolici della cultura afro-americana, e il messaggio può a volte essere una critica indiretta a qualcuno dei presenti.

Un esempio coinvolge una coppia sposata: il marito si prepara ad uscire, e ha indossato un abito elegante. Quando va a lavorare si veste diversamente.

«WIFE: Where are you going?
HUSBAND: I'm going to work.
WIFE: (You're wearing) a suit, tie, and white shirt? You didn't tell me you got a promotion»[45].

C'è l'affermazione del marito (A) «I'm going to work»; visto che si sta recando al lavoro così vestito (B), la moglie deduce che il marito ha ricevuto una promozione (C). Ma dato che B è vero e C non lo è, allora anche A è falso. La moglie ricorre al *signifying*, sa benissimo che il marito non ha ottenuto nessuna promozione, quindi non sta andando al lavoro e le ha mentito sulla sua reale destinazione. La forma del *signifying* ha un contenuto esplicito e uno implicito: il non detto emerge comunque per chi è a conoscenza di simili procedure stilistiche e, in secondo luogo, i parlanti riescono ad evitare scontri diretti sulla questione.

Il *signifying* è uno fra i tanti stili adoperati dalle nuove generazioni dove chi sa parlare in modo originale ha molto successo tra i coetanei. La conferma della virtuosità verbale viene da espressioni tipo "Talk that talk", applausi e altre forme di incoraggiamento simili.

2. 2. 5. LINGUAGGIO, EDUCAZIONE E APPRENDIMENTO

La competenza comunicativa presuppone una fase di acquisizione della lingua che riguarda il bambino, dapprima nel contesto familiare e dopo in quello istituzionale della scuola.

Molti sono gli studi interazionali il cui scopo è trovare una spiegazione di questo processo fondamentale nella crescita umana e sociale di ciascun individuo. I sociolinguisti dediti a queste tematiche insistono particolarmente sul ruolo del *gioco* nell'apprendimento linguistico e su come questo aiuti positivamente il bambino impegnato in questo processo.

Secondo Courtney Cazden, la *classe* è paragonabile a una *comunità*: «Yet classrooms are, or should be, very special cultures – a community of people who are themselves changing, and whose change the environment is specifically designed to support»[46].

Ci sono giochi infantili da considerare come preparatori, a schemi e procedure (routines) che vengono adottate in classe.

Due esempi classici sono il gioco a nascondino e la lettura di libri illustrati.

Il *peekaboo* (italiano "nascondino" o "rimpiattino") è una situazione linguistica che coinvolge il bambino e lo stimola ad apprendere il gioco dei ruoli e l'ordine sequenziale della partecipazione alla situazione.

La *lettura dei testi illustrati* è un evento linguistico nel quale ci sono degli schemi rituali da seguire:

- richiamo dell'attenzione (uso di vocativi, *Look!* – guarda),
- domanda (*what is this?* – cos'è questo?),
- definizione,
- conferma.

Questa procedura ritornerà in altri eventi comunicativi che si verificheranno in classe. «The structural similarities suggest that picture book may, in addition to its substantive contribution, provide preparation for participation in the discourse of classrooms lessons several years later»[47]. Col tempo, naturalmente, le capacità del bambino aumentano e a scuola egli diventa più attivo. Per C. Cazden questi giochi aiutano a imparare «particular conversational patterns and discourse forms»[48]. Alcune forme di assistenza dell'insegnante, per esempio aiutare a trovare la risposta esatta tramite suggerimenti contenuti nelle domande, possono rivelarsi poco efficaci quando in classe subentrano nuovi alunni o comunque ci sono bambini che non hanno sperimentato questo metodo d'apprendimento perché nessuno in famiglia legge con loro fiabe illustrate.

In un esperimento svolto a San Diego, Cazden, insieme ad altri ricercatori, ha creato una situazione comunicativa definita "instructional chain" (IC): la maestra insegna qualcosa a un alunno che a sua volta lo insegna a uno dei compagni. Leola, una bambina di colore di terza elementare, guidata dalla maestra impara a scrivere e fare lo *spelling* di tre parole (*you told me*), e impartisce poi la stessa lezione ad un compagno. Questo è un esempio riuscito di coinvolgimento del bambino nello sviluppo di una comprensione "concettuale" di meccanismi di apprendimento. Bisogna distinguere tra «performance *without* competence» e «performance *before* competence»[49] (il caso riuscito di Leola): scopo dell'insegnamento è stimolare questo secondo tipo di produzione per evitare *routines* scolastiche meccaniche e inefficaci nel tempo.

In uno studio di Susan Ervin-Tripp sono prese in considerazione alcune attività ludiche diffuse tra i bambini, le quali possono darci informazioni sulle modalità di interazione infantili nell'uso e nell'apprendimento linguistico, studiando in particolare le strategie linguisticamente più ricorrenti nella comunicazione. Il gruppo dei partecipanti è composto da bambini nativi e non; un gruppo formato da bambini anglofoni (4-12 anni) che vivono in Francia, un secondo gruppo da bambini (4-6 anni) spagnoli e cantonesi di un asilo della California. I bambini vengono osservati durante alcune attività: conversazioni telefoniche, giochi di squadra (partite di calcio, per esempio), giochi con le carte o altri giochi di società, *role playing* (giochi di assunzione di ruolo).

Dall'osservazione dei due gruppi in alcune attività di gioco la linguista Ervin-Tripp deduce che simili attività non solo consentono un'applicazione concreta delle conoscenze linguistiche dei singoli, ma creano anche quelle condizioni indispensabili per capire, apprendere e memorizzare parole nuove, ampliando così il proprio universo di conoscenze.

Giocando coi coetanei di madre lingua, il bambino che sta apprendendo una lingua seconda è facilitato prima nelle attività più semplici, dove ci sono formule ripetitive il cui significato è deducibile per inferenza e imitabile, poi via via in attività sempre più complesse (per esempio giochi collettivi), dove è necessario conoscere le regole che governano l'interazione comunicativa. L'uso dei gesti e delle parole può, in questi casi, aiutare i bambini a farsi capire.

2. 3. APPLICAZIONI A PROBLEMI STORICI

Sul piano diacronico la sociolinguistica ha approfondito fenomeni della lingua che, avendo un'estensione cronologica, riguardano spesso il percorso della tradizione linguistica di interi popoli e nazioni già formatesi o in via di formazione.

L'approccio interazionale alla natura "temporale" delle lingue ha insistito particolarmente sull'esigenza di contribuire a una maggiore conoscenza dell'assetto linguistico dei singoli paesi per rendere proficuo uno scambio di dati e opinioni su condizioni storico-linguistiche diverse dalle proprie per tentare di individuare affinità e differenze nella *dinamica* e nei *meccanismi* di affermazione ed evoluzione delle lingue.

Da questo punto di vista, insieme a molti altri, è particolarmente critico Dell Hymes il quale definisce gli Stati Uniti *"un paese sottosviluppato"*, «an Underdeveloped Country»[50], con gli attributi di una «*terra incognita*»[51] dove troppo spesso le politiche accomodanti hanno fornito poco sostegno a una reale considerazione della molteplicità linguistica locale. «The heart of the matter, I have suggested, is that language has been a central medium of cultural hegemony in the United States», e poi ancora: «Amnesia toward the American past and passivity toward the American present, so far as language is concerned, seem characteristic of both American scholarship and the American public»[52].

L'orientamento di diversi sociolinguisti legati al metodo interazionale è stato quello di guardare a quei processi che testimoniano: della pianificazione linguistica di uno stato; delle modalità di trasmissione del sapere; del mutamento e della fortuna di una lingua.

Le ricerche attinenti sono sempre poste in relazione con una conoscenza di tipo storico dei fatti, ed evidenziano come il divenire politico di uno o più popoli implichi una sua necessaria identità, linguistica e culturale insieme. Alcuni settori della sociolinguistica, sia nella variante interazionale che in quella correlazionale, tengono in gran conto le conseguenze messe in atto da «macrofattori sui comportamenti linguistici di piccole comunità»[53] mentre la *sociologia delle lingue* «è maggiormente interessata allo *status* che le varie lingue godono all'interno di una comunità [...] che alle conseguenze prodotte da questi *status* diversi sulle strutture delle lingue»[54].

Così bisognerà distinguere in primo luogo le "macrocause" *naturali*: nella fattispecie, *ambientali* (mutamenti del territorio: terremoti, inondazioni, bonifiche...) e *umane* (mutamenti demografici inconsueti, come nel caso di estinzione di interi popoli). Ci sono poi "macrocause" *sociopolitiche*: guerre, invasioni, migrazioni, rivoluzioni politiche o culturali, organizzazione ex novo di uno stato e della capitale, forze centrifughe o centripete: internazionalismo o nazionalismo, tradizioni religiose.

A livello socioeconomico si può registrare il ruolo trainante nel mutamento di una varietà, dei settori chiave della produzione e dell'organizzazione del lavoro (agricoltura, industria, terziario), delle attività di scambio, dei grandi processi di modernizzazione che possono caratterizzare questi campi. Le *rivoluzioni industriali* e lo sviluppo dei centri urbani, per esempio, hanno intensificato i contatti tra parlanti di diverse varietà e hanno contribuito allo sviluppo di un linguaggio "specialistico".

Gli effetti di questi fattori sul mutamento di una lingua possono essere di varia portata, come vedremo in seguito.

La lingua e la sua conservazione nel tempo occupano dunque uno spazio notevole nella vita di una comunità, poiché garantiscono una *continuità* all'essere sociale. Nella prospettiva collettiva predomina il senso dell'utilità della scrittura allo scopo di conservare e preservare. D'altronde, fin dalla diffusione della stampa, con la proliferazione di testi e con vere e proprie campagne di alfabetizzazione popolare negli ultimi secoli, si configura lo stato di dominanza della parola scritta nei processi che mettono ordine nel sapere, e «tutto questo testimonia, [...], del posto fondamentale preso, in Occidente, dalla Scrittura»[55].

2. 3. 1. LA SCRITTURA E LA SOCIETÀ

La necessità di uno strumento comunicativo efficace e sufficientemente rapido sembra essere un tratto saliente del genere umano nella sua lunga storia: a partire dalle prime iscrizioni simboliche sulle pareti di caverne fino ai moderni e sofisticati ritrovati tecnologici.

Secondo Michele Serra «[...] la scrittura ha già operato, e da qualche migliaio di anni, un'inimitabile, potentissima compressione del sapere e delle passioni in pochissimo spazio»[56]. L'importanza della scrittura per il genere umano è riconducibile a un'esigenza diventata primaria: semplificare la trasmissione della conoscenza tramite un mezzo potenzialmente condivisibile e decifrabile e il cui uso permetta una trasferibilità di pensiero e opinioni per "rappresentazione" della realtà - referente.

Altro aspetto non trascurabile è che la scrittura assicura una parvenza di *sopravvivenza* del passato, del già vissuto, personale e collettivo; dando dunque senso storico all'agire umano, che diventa *narrabile*.

E se «la scrittura è il grande simbolo della lontananza»[57], e temporale e spaziale, essa non ha ridotto la sua importanza, visto che la storia della prima formazione degli stati in epoca moderna ha confermato la centralità della scrittura nelle campagne di alfabetizzazione popolare, dopo il pieno riconoscimento del diritto individuale di accesso al sapere in un qualsiasi stato che voglia definirsi "democratico" ed "egalitario".

Nell'immaginario collettivo, la scrittura si associa alla *memoria* di singoli e di gruppi; storicamente, eventi quali roghi, censure, indici e libri neri hanno spesso rappresentato il materializzarsi di una fra le minacce maggiori per una collettività: la pura negazione della possibilità di essere documentati nel tempo.

Dall'introduzione della scrittura in poi si modifica anche un'intera tradizione formale di trasmissione che ha coinvolto diverse generazioni. Se prima si recitava oralmente la storia, come esercizio mnemonico per ricordarla, con la scrittura si attua una vera e propria transizione, «the introduction of the writing systems changes the basic character of the storage and transmission of knowledge»[58]. Si presenta ora l'esigenza di acquisire e trasmettere in forma scritta il sapere, e inizialmente nasce una categoria sociale specifica, quella dei letterati, una élite.

Mentre nelle società orali c'è un meccanismo ciclico e creativo, nelle società letterate la quantità del sapere è sottoposta non ad adattamenti ma ad ampliamenti con modifiche, a volte radicali: «a central difference between oral and literate cultures lies in the modes of transmission, the first allowing a surprisingly wide degree of creativity, but of a cyclical kind, the latter demanding repetition as a *condition* of incremental change»[59]. Allo stato attuale, l'accumulo enciclopedico caratterizza la cultura e le lingue con un'antica tradizione scritta.

Altro momento fondamentale di cambiamento linguistico è stato determinato dall'industrializzazione, dall'urbanizzazione, dall'ascesa borghese e dalla nascita degli stati democratici; in seguito a ciò «the sharp distinction between everyday languages and those of literary traditions began to disappear»[60]. Segue una svolta storico-culturale come l'educazione di massa e il moltiplicarsi del pubblico dei lettori. Il Novecento è stato un secolo in cui il sapere ha raggiunto una considerevole possibilità d'espansione fra i più diversi ceti sociali. Mentre in passato il privilegio della conoscenza era mantenuto dall'esclusività dei mezzi (denaro, istruzione, appartenenza di classe, materiali e strumenti di scrittura pregiati e costosi), la rivendicazione politica e sociale ha reso un diritto l'antico privilegio di saper leggere e scrivere. Tale capacità è diventata, dalla civiltà greca in poi, un prerequisito fondamentale per il consolidarsi di un diffuso senso civico in uno stato i cui elettori possono esprimere direttamente le proprie scelte politiche.

Secondo Jenny Cook-Gumperz e John Gumperz, una conseguenza importante è che «Further developments of advanced technological societies has increased the dependence on the written word; new communicative requirements have been generated by bureaucracies»; altra conseguenza è il peso sempre più decisivo delle capacità individuali: «As part of these changes, educational systems become both socializing agents and almost exclusive selectors for economic opportunity»[61].

Secondo J. Goody e I. Watt la tradizione orale, rispetto alle società alfabetizzate, nelle società passate e in quelle tuttora esistenti, ha di diverso una concezione del tempo in cui «Il mito e la storia si fondono l'uno nell'altra»[62], il passato è inconsapevolmente reso tutt'uno col e nel presente, con una minore, se non inesistente, percezione del divenire cronologico.

Inoltre tra le peculiarità della tradizione scritta va annoverata la possibilità di far rivisitare i luoghi di un'intera eredità culturale, per rielaborarla ed eventualmente metterla in discussione. Si accentua, di conseguenza, il senso critico.

Tra i pregi e i difetti della scrittura vanno ricordate la vastità e la quantità dei suoi contenuti, per cui è impensabile conoscere pienamente tutto. Nelle società illetterate, invece, l'oralità assicura una maggiore uniformità di conoscenze e quindi una parificazione a questo livello. «Nelle società orali il patrimonio culturale viene trasmesso quasi interamente attraverso comunicazioni faccia a faccia»[63]; secondo Goody e Watt conseguenza dell'uso dell'alfabeto è la nascita del pensiero logico-razionale e critico. Tuttavia, è documentata dagli studi antropologici la persistenza significativa, nella società moderna, di un «pensiero non logico»[64], confermato dalle modalità della socializzazione infantile, la quale avviene e dipende in gran misura dalla *conversazione*, al di fuori e all'interno della famiglia.

Nel caso statunitense, secondo Shirley Brice Heath, l'educazione e quindi la pianificazione scolastica sono direttamente connesse con le mutevoli aspettative nei confronti della lingua e del suo uso in forma scritta. Se già prima della nascita di una istituzione scolastica collettiva (1830) negli Stati Uniti c'erano forme scritte in gran voga (diari, scambi epistolari, manuali), «in the new republic, literacy was both a Christian and a patriotic responsibility»[65]: chiunque scrivesse, lo faceva principalmente per assolvere un dovere nei confronti della comunità, una forma di rispetto e lealtà verso la nazione. Centro di scambio di opinioni e informazioni e scena del dibattito pubblico è il periodico. È comunque evidente che «Writing was a supreme act of ego»[66], e il modello conversazionale era quello di maggior successo anche sulla carta stampata: si scriveva cercando vie immediate di risposta popolare.

Tuttavia già verso la metà dell'Ottocento si pone il problema di come scrivere correttamente, introducendo nell'American style la tradizione retorica. Con l'attenzione alla correttezza sostenuta nelle grammatiche e nei periodici diventa implicito, secondo la studiosa Heath, che saper scrivere, seguendo il modello standard, è sinonimo di intelligenza, moralità, operosità.

Altro momento storico cruciale fu quello della scelta dell'elettorato attivo: l'alfabetismo è stato spesso adottato come criterio di selezione, già nel 1855 nel Connecticut (dove si richiedeva la sola capacità di leggere) e negli stati secessionisti del sud, dove in alcuni casi si richiedeva all'elettore la trascrizione di brani della costituzione. Nel 1890 vennero introdotti test per verificare il grado di alfabetismo degli immigrati; nel 1915 Woodrow Wilson cercò di vietare il ricorso a questi mezzi, usati, secondo l'allora presidente, non come verifiche per conoscere le capacità e le predisposizioni dei singoli, bensì come «a test of opportunity»[67], un criterio preliminare per selezionare le persone a cui dare un permesso d'entrata, e perciò di per sé scorretto. Col tempo si è affermata l'opinione che il sistema scolastico debba fornire agli studenti uno stile di lingua finalizzato a vivere delle «successful lives»[68].

Nel complesso, la maggiore o minore considerazione della conoscenza della forma scritta di una lingua, come pure il suo grado di esclusività, o piuttosto il rilievo posto sull'oralità presso civiltà scomparse o tuttora esistenti interessa quella parte della sociolinguistica impegnata a comprendere la persistenza o meno di determinati comportamenti e modalità di organizzare il presente e mantenere un passato e una tradizione collettiva del sapere.

2. 3. 2. IL MUTAMENTO DELLE LINGUE NELLA SOCIETÀ

Considerare diacronicamente una lingua significa comprendere nel proprio angolo visuale le fasi alterne di una dinamica complessa e mutevole. In questi casi la sociolinguistica affronta il fenomeno lingua mettendolo in relazione con fattori di ordine *sociale*: politici, ambientali, economici. Per tali rapporti intrinsechi sarebbe utopistico pensare alla lingua come "costante" nel tempo. Il nostro italiano, ad esempio, suonerebbe perlomeno strano a un fiorentino dell'epoca di Dante, e viceversa.

È interessante ai fini sociolinguistici approfondire l'eredità linguistica di un popolo tenendo presente la varietà di alcune situazioni, contrariamente a quanto si crede comunemente. Un esempio degno di nota è quello del *background* linguistico degli Stati Uniti, dove il *monolinguismo* è storicamente smentito.

Nelle analisi inerenti ai meccanismi di mutamento o mantenimento della struttura di una o più lingue, è stato ampiamente investigato il contesto multilingue, e in questo campo ha avuto un certo seguito una definizione chiave elaborata da Charles Ferguson, quella di *diglossia*, adoperata più volte nelle ricostruzioni diacroniche di situazioni di bilinguismo. Lo studio della diglossia, secondo Ferguson, può contribuire a spiegare meccanismi come il processo di standardizzazione e in genere l'affermarsi di una lingua. La diglossia prevede situazioni «in cui due varietà di una lingua esistono fianco a fianco nella comunità, ciascuna con un ruolo definito»[69]. Ci sono alcune caratteristiche attinenti alla diglossia:

- la specializzazione della *funzione* delle due varietà (alta A, bassa B): ci sono dei contesti specifici per ogni varietà;
- il prestigio di una lingua, per cui una varietà è considerata superiore;
- l'eredità letteraria: c'è una mole di patrimonio culturale trasmesso nella varietà di maggior prestigio, la quale può essere un prodotto locale o una lingua standard di un'altra comunità linguistica;
- l'acquisizione della varietà (in genere B) in un contesto familiare oppure in un contesto scolastico (è spesso il caso di A) «in termini di regole e di "norme" che devono essere imitate»[70];
- la standardizzazione: ci sono studi descrittivi di una varietà prestigiosa a livello di grammatica, lessico, ortografia e pronuncia. Manca una simile impostazione per la varietà B. Ci sono casi in cui una lingua standard è di fatto la varietà di un importante centro economico o politico.

Dalla co-occorrenza di queste caratteristiche *la diglossia* può così definirsi: «*una situazione linguistica relativamente stabile in cui, in aggiunta ai dialetti originari della lingua (che possono comprendere una varietà standard o standards regionali), vi è una varietà sovrapposta molto divergente ed altamente codificata (spesso grammaticalmente più complessa), veicolo di un vasto "corpus" letterario, sia di un periodo precedente sia di un'altra comunità linguistica, che viene appresa in larga parte per scopi formali e nella forma scritta, ma che non è mai usata da nessun settore della comunità per la comune conversazione*»[71].

Un caso antico di diglossia secondo Ferguson è quello manifestatosi per il latino e le nascenti lingue romanze. Mentre un po' dovunque in Europa si affermava il vernacolo, il latino continuava ad esistere come lingua della sfera culturale e religiosa, in quanto lingua della Chiesa. Il latino ha continuato a godere di notevole prestigio, come lingua di cultura per molti secoli. L'estinzione d'uso di una lingua non è infatti un fenomeno improvviso e radicale, può impiegare svariati secoli perché una lingua può essere mantenuta da un gruppo, in una regione, per alcune forme di comunicazione, creando in questo caso i presupposti per una diglossia. La riduzione d'uso di una lingua è attribuibile a diversi fattori; in genere è più vitale la lingua di una maggioranza.

Ferguson sottolinea due aspetti fondamentali della diglossia: esistenza di un *corpus letterario* in una varietà più o meno imparentata con la lingua locale; presenza rilevante di un'élite colta. Tra le cause che provocano la fine di una situazione di diglossia ci sono: l'alfabetizzazione, una comunicazione intensa con maggiore mobilità e scambio, il desiderio di una lingua "nazionale".

La definizione fergusoniana di diglossia ha modificato i modelli classici di classificazione, facendo emergere una differenza, esistente secondo molti sociolinguisti sul piano tassonomico, tra *diglossia* e *bilinguismo*, per esempio. Per G. R. Cardona il bilinguismo è «il possesso di due lingue da parte di uno stesso parlante», distinguendo come fa C. Osgood tra bilinguismo composto – classico nell'apprendimento scolastico, per cui «le due lingue costituiscono un unico sistema nella competenza del parlante» – dal bilinguismo coordinato – la compresenza autonoma delle due lingue per cui «non c'è rimando da un segno dell'una a un segno dell'altra ma da ciascun segno al suo referente»[72].

Secondo Alberto Varvaro la distinzione tra bilinguismo e diglossia è di grande utilità ai fini descrittivi: la diglossia coinvolge l'intera collettività, il bilinguismo è più una scelta personale, meno uniforme rispetto alla diglossia. C'è poi il fattore "norma", cioè esiste una legislazione linguistica specifica che è condizionante in diglossia, mentre sarebbe inesistente nel caso dei bilingui[73].

L'applicazione del modello di Ferguson può servire poi, secondo alcuni suoi sostenitori, a prevedere le situazioni linguisticamente possibili, una specie di studio dell'andamento delle lingue nel tempo con l'intento di indicare eventuali vie per intervenire preventivamente e salvaguardare per esempio gli interessi linguistici di una comunità. È diffusa l'opinione che una situazione di diglossia tenda al bilinguismo e che quest'ultimo tenda invece al monolinguismo. Consideriamo ora due casi, quello dell'ebraico moderno e quello del *Welsh* in Galles.

Il caso dell'ebraico moderno può definirsi un *revival* linguistico a tutti gli effetti, dopo aver attraversato una fase di "diglossia". Questa è l'opinione di Chaim Rabin che parla anche di un momento ideologico preciso, definito dall'autore «language awakening»[74]. Comunemente si pensa all'ebraico come ad una lingua estinta nel 200 a. C. e il suo ritorno è stato, per molti, una specie di miracolo. In realtà l'ebraico è stato a lungo tempo adoperato e mantenuto dalle comunità ebraiche durante la diaspora, in situazioni di diglossia, accanto a varietà locali prestigiose e riconosciute ufficialmente (tedesco, inglese, russo). Scrive Rabin: «Revival is thus not a case of bringing a dead language back to life. It is an enlargement of the social territory of a language, within the geographical territory or ethnic grouping in which it was used previously»[75]. Una volta rientrati in Israele, furono esponenti della borghesia a farsi fautori di un ritorno alle origini linguistiche.

Secondo Rabin vanno presi in considerazione in una simile ricostruzione i ruoli assunti dalle classi sociali, specie la borghesia, dalle nuove generazioni e dalle donne. Infatti l'apertura linguistica dei giovani nei casi di adozione di una varietà diversa dalla propria può costituire un fattore stimolante nelle alterne vicende di una lingua. Per quanto riguarda la borghesia, essa ha esercitato un *condizionamento linguistico* maggiore rispetto ad altre classi all'interno della comunità, confermando di essere autrice da tanti anni a questa parte di processi di innovazione e conservazione di carattere anche linguistico.

Un contributo notevole per il revival linguistico dell'ebraico è stato dato dalle donne. Storicamente la donna nella comunità ebraica era isolata ed esclusa dal sapere. Nel Medioevo le donne erano pressoché analfabete o leggevano appena testi tradotti appositamente per loro–testi sacri (la Bibbia) e profani (opere epiche)–a loro era dunque preclusa una educazione che vertesse su argomenti e campi diversi dalla religione o dalle letture di pura evasione fantastica. Nell'Ottocento le scrittrici ebraiche erano autentiche eccezioni. Nel Novecento il coinvolgimento delle donne in sfere diverse da quella domestica e una visione più paritaria della gestione del vivere sociale si sono dimostrate determinanti perché hanno incentivato l'uso della varietà alta in contesti anche familiari, visto che sono ancora le madri a essere i soggetti più presenti nell'apprendimento linguistico dei figli.

A partire dagli anni '60 in poi, si è prestata sempre più attenzione al modo di parlare al femminile, alla maggiore sensibilità delle donne alle varietà di maggior prestigio, motivo di riflessione nei diversi studi sul sessismo (*gender*). La differenziazione linguistica, secondo Barrie Thorne e Nancy Henley andrebbe valutata tenendo sempre presente il sesso come variabile sociolinguistica, insieme alla struttura di dominanza maschile e alla divisione sociale del lavoro tra i sessi[76]. Solo così si potranno dare spiegazioni meno incomplete nello studio dei processi di mutamento delle lingue.

La situazione del gallese, che vede una convivenza con l'inglese, ha assunto le caratteristiche di un rapporto tra una varietà alta (l'inglese) e una bassa (la lingua regionale). Quello del gallese è comunque secondo C. J. Dodson un caso atipico perché, rappresenta un'eccezione alla regola fergusoniana che il bilingue si orienti verso il monolinguismo: «bilingualism without diglossia is a transitory situation leading inevitably to unstable bilingualism and, eventually, monolingualism»[77], d'altronde è oramai risaputo che anche nell'arco di una sola generazione l'acquisizione di una lingua non è mai definitiva, si può infatti determinare uno scarto fra le lingue che si conoscono. Come spiegare allora il persistere del gallese accanto all'inglese per così tanto tempo?

Nel 1967 la legislazione inglese ha riconosciuto parità di status a inglese e gallese nel Galles. All'ottimismo iniziale è subentrata una certa delusione, per la scarsa utilità di un simile riconoscimento sul piano economico; parallelamente, l'uso del gallese è in crescita, specie nell'ultimo trentennio, sia in forma scritta che orale, tra giovani e adulti della *middle class*. Al momento non c'è una collocazione contestuale nell'uso delle due varietà, perché «each bilingual [...] establishes his own pattern of compartmentalisation»[78]. Una simile situazione può diventare bilinguismo stabile, secondo Dodson, solo tramite una politica scolastica che usi entrambe le lingue nell'insegnamento.

L'esempio del Galles per Dodson dimostra che un bilinguismo crescente senza diglossia si manifesta quando: c'è un consenso popolare verso le due lingue – per quella locale perché è portatrice di valori e identità, per quella di maggior prestigio perché può aprire prospettive per le nuove generazioni. C'è poi una politica che riconosce uguale status alle due varietà e non mancano incentivi per sostenerne l'uso nelle scuole e nei mezzi di comunicazione di massa. Altri prerequisiti: le due varietà sono diverse e c'è una disponibilità individuale a usare le due lingue ricorrendo al code-switching anche nel medesimo contesto, diversamente dalla diglossia che ha ambiti d'uso molto specifici e ristretti.

Fattori sociali possono essere determinanti per la sopravvivenza del bilinguismo, un caso storico è quello del francese di Quebec, in Canada, dove ha avuto un ruolo decisivo la resistenza dei Canadesi d'origine francese. I fattori sociali possono anche influenzare il *mantenimento* di una lingua che non coincide con quella ufficiale, in particolare quando la lingua assume il ruolo di «a social resource, similar to religion»[79]. Ogniqualvolta un gruppo etnico sostiene e tutela i suoi diritti linguistici, questo avviene contemporaneamente a movimenti più ampi, connotati talora da tratti nazionalistici. La lealtà linguistica verso la propria lingua da parte di una minoranza, secondo la Paulston, non ha nulla di naturale in sé, ma va intesa come «a chosen strategy for survival»[80].

2. 3. 3. LA SITUAZIONE LINGUISTICA DEGLI STATI UNITI

Dell Hymes e altri sociolinguisti hanno spesso lamentato una conoscenza fin troppo superficiale della situazione linguistica statunitense, che risulta molto complessa quando si considerano alcuni aspetti della sua storia recente e passata: va ricordata la compresenza di più lingue e di persone appartenenti a gruppi etnici diversi – presupposti che hanno a volte accresciuto l'esigenza di un codice d'uso immediato conducendo allo sviluppo di pidgin e lingue creole, e altri fatti da non tralasciare sono l'espansione linguistica ed economica, la politica delle lingue e delle minoranze negli Stati Uniti, e di conseguenza gli effetti nel tempo di questi molteplici fattori sulle lingue locali.

Presso gli abitanti delle prime colonie era sì presente la questione di una scelta linguistica, ma non in maniera così condizionata da uno spirito nazionalistico. Anzi, la molteplicità veniva incoraggiata da una libertà e da una tolleranza notevoli senza restrizioni linguistiche verso la lingua materna dei coloni europei, e cioè inglesi, spagnoli, francesi, tedeschi, olandesi. Tutto questo si verificò forse per l'anomalia delle colonie che, seppur dipendenti dalla madrepatria britannica, furono però autonome nel gestire una situazione linguistica non regolamentata ufficialmente. Questa diversità venne mantenuta in sfere specifiche oltre a quella familiare, vale a dire nelle chiese, nei giornali, nell'educazione privata[81]. Una tolleranza non equamente distribuita, visto che comunque i coloni, in virtù di un sentimento di elezione, non ritennero necessario riservare uguale trattamento alle lingue degli Indiani d'America, né tanto meno a quelle degli schiavi africani.

Le lingue in uso presso le comunità pellerossa al momento dell'arrivo dei coloni europei erano circa 200, ed erano in larga misura reciprocamente comprensibili, in quanto appartenenti a 15 famiglie o ceppi imparentati. Nei secoli che intercorrono tra i primi insediamenti e i giorni nostri, gli Indiani hanno vissuto gli effetti di spostamenti coatti per effetto di una politica xenofoba di segregazione razziale, con ripercussioni sulla propria identità culturale e quindi linguistica. Rimane però attualmente un corpus linguistico di 206 lingue discendenti dalle varietà attestate[82]; gli studi sociolinguistici in proposito sostengono l'esigenza di colmare, in primo luogo, le lacunose conoscenze sulle modalità di convivenza di queste varietà con le lingue dei coloni.

Altro ambito d'interesse è quello degli schiavi importati dal continente africano. Diversi studiosi, specie antropologi, si sono occupati delle origini della comunità afro-americana. Secondo M. Herskovits, andrebbe sfatato il mito di una disomogeneità linguistica e culturale degli schiavi durante la tratta, specie relativamente al secolo XVIII[83], quando la deportazione coinvolse gente originaria della Guinea, soprattutto nella regione del delta del fiume Niger, nel Congo olandese, nell'Angola e nel Gambia. Ci furono, cioè, le condizioni per la condivisione di lingue mutuamente comprensibili e di tradizioni popolari e religiose che sono parte di quel patrimonio definibile come *africanismi*. Il retaggio africano è ancora più evidente se si prendono in considerazione gli stanziamenti meno esposti all'influenza anglo-americana, come le Sea Islands al largo della Carolina e della Georgia[84].

La presenza negli Stati Uniti di lingue identificabili come *creole* ha generato ipotesi sull'origine di queste varietà dialettali un tempo pidgins, un tipo di lingua molto semplificata nel lessico e nella sintassi, che nasce per necessità di contatto commerciale ed economico. Quando i pidgins sono usati come lingue materne all'interno di famiglie i cui coniugi non hanno un sistema comunicativo comune, allora assumono lo status di vere e proprie lingue creole. Attualmente se ne contano tre: il Gullah, il creolo della Louisiana e quello delle isole Hawaii[85]. Il Gullah si sviluppò nella zona costiera della Carolina del Sud, dove furono messe a coltura le piantagioni di riso nel 1700. Oggi lo parlano alcuni abitanti di colore di quest'area, della Georgia, della Carolina del Nord e della Florida. Il creolo francese si sviluppò contemporaneamente al Gullah, ed era in pratica la lingua nativa dei discendenti degli schiavi dell'Africa occidentale, portati nel nuovo continente dai colonizzatori francesi. Il creolo delle Hawaii si sviluppò a causa della presenza di manodopera di origine disparata, proveniente da Asia orientale, sud del Pacifico, Portogallo.

Ecco di seguito qualche esempio inerente al Gullah e un confronto diretto con le forme inglesi corrispondenti: *da* con valore continuativo, «she must be *da* hunt husban» (she must be hunting for a husband), uso di *bin* con valore anteriore, «Last week Wednesday she *bin* come home» (last week Wednesday she came home).[86]

Infine, c'è da considerare il continuo fenomeno delle immigrazioni, che ha contraddistinto il nuovo continente. Nel Settecento e ad inizio Ottocento, non esistendo ancora un sistema scolastico unitario, i bambini degli immigrati imparavano a parlare e a scrivere nella lingua usata in famiglia e in chiesa, e chi lo poteva fare studiava una lingua europea diversa dalla propria, considerando il bilinguismo come un arricchimento. Lo stesso Thomas Jefferson riteneva la conoscenza del francese «absolutely essential»[87], e altrettanto importante quella dello spagnolo per i rapporti diplomatici e per le origini storiche dei primi insediamenti.

Il francese era parlato presso alcune comunità della Louisiana, dove si erano insediati i primi coloni provenienti dalla Francia, e in misura minore nel New England; il tedesco era particolarmente diffuso in Pennsylvania.

Fu a partire dalla seconda metà dell'Ottocento che gli intellettuali e politici americani affrontarono la questione linguistica in maniera più programmatica: d'altronde si accentuava in questo periodo il timore di aver creato una nuova Babele, e in questo senso si fece strada l'esigenza di identificazione di una lingua, portatrice di valori di moralità e senso patriottico. Nel 1889 venne approvata la Bennett Law, secondo la quale, anche con l'intento di porre un freno al lavoro minorile, si stabiliva l'obbligatorietà scolastica per un periodo minimo di dodici settimane per i bambini tra i 7 e i 14 anni; importante novità è l'indicazione dell'uso della lingua inglese per l'insegnamento[88]. Le reazioni furono ostili, e la legge fu abrogata poco tempo dopo, ma intanto diminuivano le scuole private delle varie comunità e aumentavano quelle pubbliche.

Vasta è, da fine Ottocento in poi, la legislazione politica per l'immigrazione, con limitazioni selettive basate sulla conoscenza della lingua inglese. L'atteggiamento poco favorevole all'immigrazione si inasprì nel ventennio tra il 1920 e il 1940, quando furono prese misure fortemente restrittive nei confronti di tedeschi, cinesi e giapponesi. Il *Nationality Act* del 1940 fu convertito in *Internal Security Act* nel 1950: in pratica, si richiedeva la capacità di scrivere o parlare la lingua inglese per poter vivere negli Stati Uniti.

Gli anni '60 sono stati gli anni della contestazione e del movimento per i diritti civili, il *Bilingual Education Act* del 1968 segna una svolta e una apertura in un percorso piuttosto complesso e travagliato. Negli anni '70 ci sono stati, soprattutto in California forti investimenti per l'*inserimento* scolastico degli immigrati[89]. Ci si è così orientati verso un maggior sostegno e riconoscimento delle alterità linguistiche locali, di minoranze e non, attraverso programmi specifici e aiuti economici per organizzazioni scolastiche e culturali di vario tipo finalizzate a un recupero dell'identità linguistica.

NOTE

1 W. Percy, *The message found in a bottle*, New York, Farrar, Straus e Giroux, 1975, p. 10, in: B. Bain (a cura di), *The Sociogenesis of Language and Human Conduct*, New York, Plenum Press, 1983, p. XI.

2 A. Montagu, *Toolmaking, Hunting, and the Origin of Language*, in: B. Bain, **op. cit.**, p. 3.

3 B. Bain, *Introduction*, p. XXII, in: *The Sociogenesis*, **cit.**, p. XII.

4 Lévi-Strauss (1958), in J. B. Pride, *The Social Meaning of Language*, Oxford University Press, 1971, p. 76.

5 D. Hymes, *Models of the Interaction of Language and Social Life*, in *Directions in Sociolinguistics, The Ethnography of Communication*, a cura di J. J. Gumperz, D. Hymes, New York, Holt, Rinehart e Winston, 1972, p. 39.

6 J. L. Austin, *Performativo-constantivo*, (1962), in: *Gli atti linguistici, Aspetti e problemi di filosofia del linguaggio*, Milano, Feltrinelli, 1987, p. 51.

7 Ibidem, p. 60.

8 John L. Austin, *Come agire con le parole*, in: *Gli atti linguistici*, **cit.**, p. 67.

9 Robin Lakoff, *La logica della cortesia*, in: *Gli atti linguistici*, **cit.**, p. 226.

10 Ibidem, p. 236.

11 Philip M. Smith, H. Giles, M. Hewstone, *New Horizons in the Study of Speech and Social Situations*, in *The Sociogenesis*, **cit.**, p. 308.

12 Vera John-Steiner, Paul Tatter, *An Interactionist Model of Language Development*, in: *The Sociogenesis*, **cit.**, p. 84.

13 M. A. K. Halliday, *Language as social semiotic: The social interpretation of language and meaning*, London, Edward Arnold, 1978, in: *The Sociogenesis*, **cit.**, p. 85.

14 Ibidem, p. 86.

15 A. Harris, *Language and Alienation*, in: *The Sociogenesis*, **cit.**, p. 99.

16 Ibidem, p. 105.

17 D. Hymes, *Models of the Interaction of Language and Social Life*, in: *Directions in Sociolinguistics*, **cit.**, p. 41.

18 Ibidem, p. 41.

19 Ibidem, p. 43.

20 Ibidem, p. 42.

21 Ibidem, p. 43.

22 J. J. Gumperz, *Introduction*, in: *Directions in Sociolinguistics*, **cit.**, p. 13.

23 J. J. Gumperz, *Language and social identity*, New York, Cambridge University Press, 1982, p. 17.

24 J. J. Gumperz, *Introduction*, in: *Directions in Sociolinguistics*, **cit.**, p. 16.

25 D. Hymes, *Models of the Interaction of Language and Social Life*, in: *Directions in Socilinguistics*, **cit.**, p. 55.

26 J. J. Gumperz, *Introduction*, in: *Directions in Sociolinguisti-

cs, **cit.**, p. 16.

27 Ibidem, p. 20.

28 Ibidem, p. 17.

29 Jan-Petter Blom; J. J. Gumperz; *Social Meaning in Linguistic Structure: Code-Switching in Norway*; in: *Directions in Sociolinguistics*, **cit.**, p. 410.

30 Ibidem, p. 416.

31 Ibidem, p. 419.

32 Ibidem, p. 428.

33 J. Gumperz, J. Cook-Gumperz, *Introduction*, in: *Language and social identity*, Cambridge, Cambridge University Press, 1982, p. 5.

34 Ibidem, p. 18.

35 J. Gumperz, *Fact and inference in courtroom testimony*, in: *Language and social identity*, **cit.**, p. 178.

36 Ibidem, p. 179.

37 Ibidem, p. 174.

38 T. C. Jupp, C. Roberts, J. Cook-Gumperz, *Language and disadvantage: the hidden process*; in: *Language and social identity*, **cit.**, p. 234.

39 Ibidem, p. 239.

40 Ibidem, p. 255.

41 C. Mitchell-Kernan, *Signifying and Marking: Two Afro-American Speech Acts*, in: *Directions in Sociolinguistics*, **cit.**, p. 164.

42 Ibidem, p. 179.

43 Ibidem, p. 178.

44 Ibidem, p. 178.

45 Ibidem, p. 169.

46 C. B. Cazden, *Peekaboo as an Instructional Model*, in: *The sociogenesis*, **cit.**, p. 56.

47 Ibidem, p. 41.

48 Ibidem, p. 42.

49 Ibidem, p. 55.

50 Dell Hymes, *Report from an Underdeveloped Country: Toward Linguistic Competence in the United States*, in: *The Sociogenesis*, **cit.**, p. 189.

51 Ibidem, p. 191.

52 Ibidem, p. 207.

53 A. Mioni; *Le macrocause dei mutamenti linguistici e i loro effetti*, in: *Linguistica storica e sociolinguistica*, *Atti del Convegno della Società Italiana di Glottologia*, Roma, Il Calamo, 1998, p. 127.

54 Ibidem, p. 127.

55 M. Foucault, *Le parole e le cose*, Milano, Biblioteca Universale Rizzoli, 1994, p. 53.

56 M. Serra, *Quel vecchio caro libro*, in "La Repubblica", 16 gennaio 2002.

57 O. Spengler, *Il tramonto dell'occidente*, Milano, Longanesi, 1957; in: J. Goody, I. Watt, *Le conseguenze dell'alfabetizzazione*, in: P. P. Giglioli, *Linguaggio e società*, Bologna, Il Mulino, 1973, p. 385.

58 Jenny Cook-Gumperz, John Gumperz, *The transition to literacy*, in: *Writing: The Nature, Development, and Teaching of Written Communication*, vol I, Laurence Erlbaum Associates Publishers, Hillsdale, New Jersey, 1981, p. 91.

59 J. Goody, *The domestication of the savage mind*, Cambridge University Press, 1977, in: Cook-Gumperz, J. Gumperz; **op. cit.**, p. 91.

60 Ibidem, p. 94.

61 Ibidem, p. 96.

62 J. Goody, I. Watt, *Le conseguenze dell'alfabetizzazione*, in: Giglioli, **op. cit.**, p. 368.

63 Ibidem, p. 398.

64 Ibidem, p. 398.

65 S. B. Heath, *Toward an Ethnohistory of Writing in American Education*, in: *Writing*, **cit.**, p. 28.

66 Ibidem, p. 30.

67 Ibidem, p. 37.

68 Ibidem, p.44.

69 C- A. Ferguson, *La diglossia*, in: Giglioli, **op. cit.**, p. 281.

70 Ibidem, p. 288.

71 Ibidem, p. 294.

72 G. R. Cardona, *Dizionario di linguistica*, Roma, Armando Editore, 1988, p. 59.

73 A. Varvaro, *La lingua e la società*, Napoli, Guida Editori, 1978.

74 C. Rabin, *Language Revival and Language Death*, in: *The Fergusonian Impact*, **cit.**, p. 544.

75 Ibidem, p. 546.

76 B. Thorne, N. Henley, *Language and Sex: Difference and Dominance*, Rowley, Massachusetts, Newbury House Publishers Inc., 1975, p. 14.

77 C. J. Dodson, *Bilingualism and a Sense of "Peopleness"*, in: *The Fergusonian Impact*, (a cura di) J. Fishman, Berlin, Mouton de Gruyter, 1986, p. 387.

78 Ibidem, p. 390.

79 C. Bratt Paulston, *Social Factors in Language Maintenance and Language Shift*, in: *The Fergusonian Impact*, **cit.**, p. 502.

80 Ibidem, p. 502.

81 S.Brice Heath, *English in our language heritage*, in: *Lan-*

guage in the USA, **cit.**, p. 10.

82 W. Leap, *American Indian languages*, in: *Language in the USA*, **cit.**, p. 116.

83 M. Herskovits, *Il mito del passato negro*, Firenze, Vallecchi Editore, 1974.

84 Ibidem, p. 150.

85 P. C. Nichols, *Creoles of the USA*, in: *Language in the USA*, **cit.**, p. 69.

86 J. Rickford, *The insights of the mesolects*, in: *Pidgins and Creoles: Current Trends and Prospects*, a cura di David DeCamp, Ian Hancock, Washington, Georgetown University Press, 1974, p. 94.

87 Ibidem, p. 11.

88 S. Brice Heath, **op. cit.**, p. 13.

89 H. Duley, M. Burt, S. Krashen, *La seconda lingua*, Bologna, Il Mulino, 1985, opera originale: *Language Two*, New York, Oxford University Press, 1982.

Capitolo III

Il metodo correlativo

3. 1. IL METODO CORRELATIVO

In sociolinguistica l'*analisi correlativa* si propone come alternativa metodologica allo studio interazionale del linguaggio; in questo settore si distingue, per autorevolezza teorica e d'analisi, il sociolinguista americano William Labov. La novità consiste nell'originalità del metodo induttivo-empirico: si comincia con l'osservazione, per giungere all'astrazione solo dopo un'indagine cumulativa dei dati, accuratamente misurati, valutati ed interpretati con raffinati strumenti e tecniche matematiche e statistiche.

Della sociolinguistica in genere il Labov ha una concezione "minimalista" rispetto ad altri, e ad essa anzi sembra preferire una nuova accezione di linguistica, che si propone come disciplina *rinnovata*, *realistica*, *secolare*, "a socially realistic linguistics", finendo per classificare i suoi pionieristici lavori a Martha's Vineyard e a New York come «essays in experimental linguistics»[1]. Che poi la sociolinguistica debba essere sperimentale, cioè fondata sull'esperienza, è un postulato essenziale di questa materia che si occupa della *lingua nel suo contesto sociale*.

Tra i critici della linguistica tradizionale negli anni Sessanta, Labov è stato sempre propositivo e risoluto a sperimentare tecniche nuove, anche per conferire alle proprie argomentazioni un grado accettabile di scientificità. A queste capacità si affianca una notevole dote intuitiva nel "problem solving" che di volta in volta si presenta in un'indagine condotta sul campo, cioè tra gente che sa di partecipare a un'indagine sociolinguistica o che invece lo ignora.

Dopo gli studi condotti da Labov sull'isola di Martha's Vineyard (1963) e quelli svolti a New York (1966), la sociolinguistica variazionista o correlativa si è mossa attirando l'attenzione soprattutto per questa sua natura innovativa nel trattamento del mutamento linguistico e per la raffinatezza esplicativa che si è inoltrata in sperimentazioni molto complesse, perfezionate da Cedergren e Sankoff nel calcolo statistico e da Bickerton nelle cosiddette scale implicazionali. L'aspirazione a fornire una descrizione razionale di eventi linguistici come il mutamento si unisce ad una scelta motivata di quei fattori contestuali, cioè sociali e quindi extralinguistici (come ad es. classe sociale, sesso, età), da correlare con i dati strettamente linguistici. Il fatto che la lingua rifletta la struttura sociale va dimostrato con i dati ricavati dalla correlazione di due ambiti, quello linguistico e quello sociale, selezionando come fattori sociali o variabili indipendenti quelli che possono meglio testimoniare processi di variazione in atto o già compiuti.

Precedentemente alla sociolinguistica, già la dialettologia si era aperta ad uno studio della lingua presso una determinata comunità. Labov stesso riconosce a Gauchat di aver intuito un processo di cambiamento linguistico in atto presso il *patois* di tre gruppi generazionali del villaggio svizzero di Charmay[2]. L'idea di fondo, secondo Labov, è che anche nella comunità più compatta e isolata, per motivi geografici, politici o socio-culturali, è difficile credere che gli individui parlino tutti allo stesso modo. La sociolinguistica sarà attenta a quei fenomeni di *differenziazione* linguistica che si possono rilevare solo nell'uso quotidiano.

Un contributo importante agli studi di Labov è venuto da Uriel Weinreich, linguista di origine polacca trasferitosi negli Stati Uniti; Weinreich si occupava degli studi jiddish e del contatto linguistico, specie nell'area svizzera. Egli seguì Labov nelle ricerche di Martha's Vineyard e di New York del 1966, che in pratica confluirono nella tesi di dottorato di Labov. Weinreich ha fornito quello che si potrebbe definire un lessico da manuale sociolinguistico. Nel suo *Languages in contact* (1953), Weinreich affronta il bilinguismo rifiutando l'idea di una comunità linguistica intesa come omogenea. Il principio di *eterogeneità ordinata* sarà alla base di un importante saggio scritto da Labov, Weinreich ed Herzog nel 1968, che risulterà utile negli sviluppi diacronici della sociolinguistica correlativa.

Martinet, nel presentare il lavoro di Weinreich sulle lingue in contatto, accenna alla pochezza di un criterio d'analisi che si fondi sul concetto che vuole la comunità linguistica *monolingue*: «[...] la diversità linguistica comincia dalla porta accanto, anzi da casa nostra, e spesso all'interno di uno stesso individuo»[3], e riconosce il valore di uno studio che abbia a che fare con la convergenza di due sistemi linguistici, generata da processi di imitazione tra i parlanti.

L'opera di Weinreich si configura come un contributo all'analisi delle dinamiche del contatto linguistico, affrontando il fenomeno dell'interferenza, delle configurazioni di dominanza, del prestigio e della commutazione di codice presso i bilingui. Weinreich parla del bilinguismo come una realtà comune e frequente, e lo definisce come l'«uso alternativo di due lingue», mentre l'interferenza è la «deviazione dalle norme [...] come risultato di un contatto linguistico»[4], quest'ultimo risulterà «pienamente comprensibile solo se inserito in un ampio contesto psicologico e sociale»[5]. Nel vagliare quali elementi della fonetica, della grammatica o del lessico siano stati trasferiti da una lingua ad un'altra, entrano in gioco, afferma Weinreich, fattori strutturali ma anche non strutturali che possono favorire o impedire un'interferenza. Se «una causa universale di innovazione lessicale è costituita dalla necessità di indicare nuove cose, persone, luoghi e contatti»[6], è ugualmente chiaro che gli *stimoli* e le *resistenze* alle interferenze non sono circoscritti a ragioni puramente linguistiche e vanno studiati pensando anche agli atteggiamenti dei parlanti. Osserva: «Dopotutto, il fatto che la lingua degli Stati Uniti sia ancora l'inglese (americano), mentre il ceco e lo slovacco sono due lingue e non una, non è deducibile dall'analisi linguistica»[7].

L'attitudine o predisposizione a parlare più di una lingua, la facilità di commutazione, lo *status* delle lingue, la compartecipazione emotiva, l'utilità di una lingua ai fini dell'avanzamento sociale e il valore ad essa corrispondente definibile come *prestigio*, il concetto di diastema: sono tutti aspetti che poi diverranno centrali nella trattatistica sociolinguistica. Fu lo stesso Weinreich a constatarne l'utilità per la nascente disciplina, specie per quelle ricerche

che erano inizialmente condotte nei centri urbani, dove vengono meno gli usuali confini topografici che fungono da barriere al contatto. In casi simili, andranno considerate altre caratteristiche locali, che hanno a che fare con immigrazioni, tradizioni culturali e religiose, origine etnica, sesso, età, professione e posizione sociale dei singoli, funzioni delle lingue, presenza di una popolazione urbana o rurale. Ricerche così orientate possono aiutarci a capire perché un gruppo rimane più fedele a un modello linguistico conservativo o al contrario recepisce le innovazioni; perché il purismo linguistico conduce a processi di standardizzazione, spesso in contesti tali da giustificare l'affermazione per cui «La fedeltà linguistica prospera nelle situazioni di contatto proprio come il nazionalismo prospera sulle frontiere etniche»[8].

Altro suggerimento utile è quello di considerare il fattore *tempo*, distinguendo tra "cronologia relativa" e "tempo assoluto"[9] ogniqualvolta si tratti il manifestarsi di una interferenza e casi in cui un mutamento linguistico si realizza concretamente. Sono termini di paragone che suonano familiari nelle distinzioni laboviane di "tempo apparente" e "tempo reale".

A conferma della più che valida idea secondo cui l'analisi interpretativa supera spesso l'ambito settoriale della linguistica, Weinreich ricorda come la valutazione negativa del bilinguismo presso gli studiosi tedeschi del periodo hitleriano tradiva pressioni e condizionamenti di altro genere, visto che il fenomeno veniva collegato a presunti limiti biologici e a questioni di politica etnica. Si è persino avanzata una «correlazione tra balbuzie, mancinismo e bilinguismo»[10], volendo attribuire un aspetto marcatamente "sinistro" al fenomeno.

I sociolinguisti, come Labov e altri, non hanno dimenticato i pericoli di strumentalizzazione politica di tesi linguistiche, e negli anni '60 c'è stato un impegno concreto per smentire idee su una ipotetica inferiorità linguistica che si vorrebbe determinata dalla razza o dalla classe sociale cui si appartiene. È una posizione militante che caratterizza tutta la sociolinguistica. Ribadisce Peter Trudgill: «People do not speak as they do *because* they are white or black. What does happen is that speakers acquire the linguistic characteristics of those they live in close contact with»[11].

Durante gli anni della contestazione e del *Black Power*, Labov condusse importanti ricerche sul Black English Vernacular di Harlem, raccolte nell'edizione *Language in the Inner City* (1972). Fu un passo importante per il riconoscimento di una piena dignità sociale e linguistica alla comunità afro-americana. Ampia è l'attività di Labov, e scontato l'appello ai suoi insegnamenti e ai suoi metodi presso quanti fanno sociolinguistica. In particolare si fa riferimento a un metodo correlativo impegnato nello studio della *variabile sociolinguistica*, non perdendo di vista l'insistenza sulla priorità di uno studio del fenomeno lingua che superi l'*impasse* saussuriana e la sterilità di una linguistica disgiunta dalla sua componente sociale.

3. 2. FONDAMENTI TEORICI E STRUMENTI DEL METODO CORRELATIVO

Quando si cerca un corpus teorico che descriva il metodo correlativo, il sociolinguista più accreditato è sicuramente l'americano William Labov, il quale, sostenendo la necessità di abbattere alcuni luoghi comuni diffusi da Saussure in poi, ha elaborato un metodo la cui impostazione nasce da un superamento dei cosiddetti *paradossi* che contraddistinguono la linguistica del Novecento: nello specifico, il *paradosso saussuriano* e il *paradosso dell'osservatore*.

IL PARADOSSO SAUSSURIANO

In un discorso sulla continuità del proprio operato all'interno della linguistica, Labov scrive: «Non c'è nessuna rivoluzione qui, nessun ribaltamento della linguistica»[12]. Ma appare evidente la volontà personale di distinguersi da una linguistica caratterizzata dall'impostazione qualitativa e deduttiva nella sua versione filosofica e categoriale della linguistica più recente.

La dicotomia saussuriana di *langue* e *parole* e l'orientamento che ne è seguito in tutta la linguistica ha dato a quest'ultima una configurazione a tratti paradossale, visto che i linguisti si sono illusi, secondo Labov, di ricavare verità e spiegazioni inerenti al modo di parlare della maggioranza o della totalità basandosi unicamente sulla propria lingua. Labov lamenta la negligenza nei confronti dell'aspetto sociale della lingua, che ha penalizzato la nascita di una scienza della *parole*; a suo dire «they insist that explanations of linguistic facts be drawn from other linguistic facts, not from any 'external' data on social behavior»[13].

Gli sviluppi dello strutturalismo prima, e della grammatica generativa dopo, hanno rafforzato questa dicotomia, e Chomsky ha completato il quadro con la sua distinzione tra *competence* e *performance*, sostenendo:

1. che la struttura linguistica è strettamente associata al concetto di omogeneità. Le teorie linguistiche vengono elaborate basandosi sull'analisi di quel «language behavior which is uniform and homogeneous»[14]; la variazione è un

fenomeno collocato ai margini delle teorie;

2. che la grammatica è innata: «Speakers of the language have access to their intuitions about *langue* or *competence*, and can report theme»[15]. Una delle maggiori prove addotte da Labov e dalla sociolinguistica contro tale asserzione è data dall'aver dimostrato accuratamente, con test valutativi dei soggetti coinvolti in ricerche sociolinguistiche, che «noi *non sappiamo* come parliamo»[16], o perlomeno abbiamo idee vaghe e non coincidenti effettivamente con i nostri atti linguistici.

Il giudizio conclusivo di Labov sulla linguistica del Novecento è il seguente: «as a theory of language this approach is seriously defective, since it offers us no means of discovering whether our model is right or wrong»[17]. Il metodo correlativo si presenta come un approccio quantitativo, cioè basato su dati cumulabili; deduttivo, in quanto originato da osservazione e sperimentazione; comparativo, in quanto basato sul confronto dei dati. Bisogna allora raccogliere una quantità di informazioni sufficiente per orientarsi nello studio della lingua, o meglio della varietà parlata presso una comunità, e l'obiettivo è definire eventuali meccanismi di fatti interni alla lingua da mettere in correlazione con fattori esterni ad essa, propriamente di natura sociale. Si potrà così prevedere ciò che è possibile che accada linguisticamente tra i parlanti della comunità indagata.

Per tornare alle tendenze della linguistica moderna, Labov riconosce che sono state rintracciate delle difficoltà effettive che hanno avvalorato un simile orientamento: il mito della natura "sgrammaticata" di molte performance, la presenza di forme alternative o diversi modi di dire riconducibili a variazioni generate dal contatto di due sistemi, e in conseguenza al *code-switching*, oppure come variazione libera all'interno dello stesso sistema. In ogni caso il fenomeno non ha ricevuto la dovuta attenzione. Altri aspetti penalizzanti per un'analisi di tipo induttivo, derivarono proprio dall'uso poco frequente di registratori e microfoni per la raccolta di informazioni sulla varietà di un gruppo di parlanti.

Ci sono cinque assiomi metodologici nell'analisi correlativa:

1. *mutamento di stile* (style shifting): sono rari i parlanti che hanno un solo stile; in particolare, alcune variabili linguistiche sono condizionate dal contesto e dal cambio di argomento conversazionale;

2. *attenzione*: il ricorso a più varietà stilistiche è inversamente proporzionale all'attenzione rivolta a come si sta parlando (audio-monitoraggio);

3. *dialetto* (vernacular): in quanto in esso minori sono il grado di attenzione e l'autocontrollo, questa è la varietà più interessante per uno studio sulla struttura sociolinguistica;

4. *formalità* (formality): la presenza del ricercatore può inibire l'espressione libera e informale dei soggetti. Si presuppone, infatti, che ognuno di noi usi uno stile più amichevole con parenti ed amici piuttosto che con estranei o semplici conoscenti;

5. *dati attendibili* (good data): il mezzo migliore rimane l'intervista individuale registrata.

L'adozione della teoria laboviana implica anche un ripensamento della struttura grammaticale e della sua descrizione. La prospettiva categoriale tradizionale rintraccia delle unità discrete, invarianti, qualitativamente distinte. Ciò che è opzionale e non obbligatorio è poco importante[18]. Una visione del genere è manchevole quando si parla della natura mutevole delle lingue e dunque del mutamento linguistico. L'applicazione di un'analisi categoriale, in altri termini, può risultare insufficiente per stabilire confini nel «sostrato continuo della realtà»[19]. Così Berruto: «Labov [...] non nega la validità (o la necessità) di porre confini tra le categorie, ma propugna un modo di determinazione delle categorie che tenga conto essenziale del fatto che la realtà è per lo più sfuggente, infinitamente variabile, in una parola continua»[20]. Nella sociolinguistica i confini non saranno categoriali, e comunque mai definiti, ma approssimativi. Il problema su cui focalizzare l'attenzione è: «come si possono imporre categorie discrete alla sostanza continua del mondo»[21]?

Nel rifiutare principi o generalizzazioni universali, Labov così argomenta le scelte sociolinguistiche: «All'assoluta regolarità del mutamento fonetico si è opposta l'idea che ogni parola ha la sua storia. All'argomentazione che tutte le regole sono ordinate è stata contrapposta l'idea che nessuna regola è ordinata. All'idea che tutte le categorie linguistiche sono discrete e invariabili si è contrapposta l'idea che non ci sono categorie, ma solo una gradualità continua fra nomi e verbi. All'esclusione di tutti i dati sociologici dalla discussione linguistica si contrappone la pretesa che la struttura sociale e la struttura linguistica stiano in una relazione di uno - a - uno»[22].

LE FASI DELL'ANALISI CORRELATIVA

«Questo è il tipo di teoria che ci permetterà di orientarci nel mondo che ci circonda, e di trovare un senso e un ordine nel cuore stesso del mutamento e della variazione»[23]

Cinque sono le fasi su cui basare il percorso di applicazione del metodo correlativo:

1. scoperta,
2. risoluzione,
3. misurazione,
4. sintesi,
5. astrazione.

1. La *scoperta* è inerente a fatti di variazione «cioè di modi alternativi di dire la stessa cosa»[24]; essa si colloca nella lettura dei dati raccolti presso un gruppo scelto;

2. segue la *risoluzione* della variazione: come spiegare simili anomalie da una prospettiva non categoriale?

3. Per *misurazione* si intende l'attitudine «a confrontare, ad accettare ed a riconoscere la variazione inerente come una proprietà delle regole e dei sistemi linguistici [...] stabilendo le regolarità prevalenti di tipo + o - »[25]. È una modalità quantitativa e probabilistica: definita la variabile interessata, si calcola la percentuale o proporzione di occorrenza della stessa in tutti quei casi in cui era stata prevista una sua realizzazione, variabile (covarianza) in connessione con fattori interni ed esterni alla lingua.

4. La *sintesi* dell'analisi e la riduzione di questa in regole e grammatiche è sostenuta dai dati; c'è presso la scuola correlativa uno «stretto legame tra i dati e la teoria»[26].

5. Non si può procedere alla fase dell'*astrazione* seguendo un principio categoriale non fondato su dimostrazioni, esperimenti. Poco credibile è il ricorso all'innatismo o alla marcatezza. Secondo Labov, ogni forma di astrazione e generalizzazione passa per l'induzione.

L'OSSERVATORE

L'approccio correlativo tenta di superare un altro limite che normalmente si pone all'osservazione realistica dell'uso linguistico. Si tratta del cosiddetto paradosso dell'osservatore, con cui devono cimentarsi tutti i linguisti: «noi vogliamo osservare come si comportano i parlanti quando non sono osservati»[27]. Il linguista che prende in esame la lingua di un gruppo di utenti si scontra con il problema della consapevolezza, da parte di questi ultimi, di essere oggetto di un'indagine. Perciò, la produzione linguistica, cioè gli atti di *parole*, potranno divergere anche di molto dalla quotidianità, allontanando il linguista dalla realizzazione del proposito di una descrizione realistica.

È inevitabile che permangano qualche dubbio e un margine di incertezza su alcuni dati, ma il ricercatore dovrà optare per gli strumenti d'analisi che permettono di ottenere un'ampia gamma di informazioni sul discorso, a partire dalle versioni più controllate e formali, fino a quella più disinvolta e apparentemente meno soggetta a norme rigide. Schematicamente, si può così riassumere:

contesto	informale	formale
stile	casuale	attento/spontaneo[28].

Per "stile casuale" si intendono l'uso e la produzione linguistica tipici dei contesti informali, mentre lo "stile spontaneo" si manifesta in contesti anche formali quando la tensione emotiva riduce l'autocontrollo e l'attenzione del parlante verso il proprio modo di esprimersi.

In una situazione formale (A) si possono verificare condizioni per cui si sospende momentaneamente lo stile formale. Ci sono casi in cui, prima che comincino l'intervista e la registrazione l'utente si rivolge a un membro della famiglia, oppure si interrompe l'intervista per un caffè o un tè. Si possono apprendere altre informazioni da interruzioni più lunghe: discorsi e raccomandazioni ai figli che stanno per uscire di casa, interruzioni esterne (telefonate di parenti o amici). Si può, infine, favorire l'argomentazione distesa e ampia, con digressioni poco inerenti alle domande (capita con le generazioni più anziane), perché aumenta così la probabilità di far emergere il «natural speech pattern»[29] degli intervistati. Infine, il linguista può ricorrere ad altri stratagemmi: chiedere di recitare filastrocche e rime imparate nell'infanzia o raccontare esperienze personali di momenti nei quali è stato in pericolo di vita o comunque drammatici. Alcune *channel cues* (*cue* è la battuta del suggeritore di teatro) suggeriscono il passaggio ad uno stile spontaneo: cambiamento del ritmo, dell'altezza della voce e del respiro. La risata è un messaggio di comportamento naturale.

L'indagine ha questa struttura: una serie di domande orali, lettura di due testi in stile colloquiale. Uno concentra alcune variabili in ordine sparso. L'altro testo pone coppie minime giustapposte nella stessa frase. Un'ultima prova include la lettura di parole del lessico di base apprese a memoria (giorni della settimana, paradigmi verbali) e ancora il confronto di coppie minime.

Il contesto informale viene indicato con B. Il grado di formalità, invece, aumenta in quest'ordine: intervista faccia a faccia (A), prova di lettura di testi (C), contesto di lettura di liste di parola e di coppie minime, rispettivamente (D) e (D').

Altro strumento indicativo sono i test di autovalutazione, i quali spesso dimostrano quanto diverga il modo in cui i soggetti credono di parlare da quello che adoperano effettivamente. Il *test di travestimento (di voci) a confronto*, "matched guise technique", elaborato dallo studioso canadese Lambert (1967), è finalizzato a rivelare reazioni, atteggiamenti, stereotipi sociali legati alla produzione linguistica. Di solito si procede facendo ascoltare, a un gruppo di parlanti non preavvertito, registrazioni di voci, che sono poi sempre le stesse, combinate disordinatamente e con l'accorgimento di fingere che appartengano a persone diverse. Le voci presentano variabili[30] frequenti e diffuse. Terminato l'ascolto, viene richiesto ai componenti del gruppo di dare una valutazione, un giudizio sulle persone cui appartengono queste voci, in relazione all'età, alle capacità e al carattere, alla posizione sociale.

In conclusione, tra i molti strumenti usati da Labov per superare i "paradossi" che derivano dall'uso delle interviste ci sono: interviste anonime e rapide, come quelle fatte nei grandi magazzini di Manhattan fingendosi un cliente; registrazioni in situazioni dove ci sono molte persone (per strada, in locali o mezzi di trasporto pubblici); test di autovalutazione – è provato che spesso ci si attribuisce la varietà di lingua che si ritiene più prestigiosa; test di correzione di gruppo, che possono riguardare anche la conversione di enunciati in lingua standard nelle forme dialettali corrispondenti, anche in questo caso l'influenza del prestigio dello standard condiziona un'espressione non monitorata nel vernacolo.

LA COMUNITÀ LINGUISTICA

Per i variazionisti la comunità linguistica è concepibile in senso molto ridotto e limitatamente ad alcune caratteristiche sociali, come per esempio la classe sociale e l'età. Nel suo studio sulle varietà a New York, Labov verifica la fondatezza di questa sua convinzione. Infatti, la generazione nata negli anni '20 ha un comportamento linguistico diverso dalle nuove generazioni.

«A speech community cannot be conceived as a group of speakers who all use the same forms; it is best defined as a group who share the same norms in regard to language»[31]. Far parte di una comunità significa essere al corrente del valore di prestigio attribuito ad alcune variabili specifiche della varietà locale, anche se la realizzazione di tali variabili può distribuirsi in maniera non uniforme tra i vari parlanti, per effetto della correlazione tra fatti di natura linguistica con fattori di natura sociale.

LA STRATIFICAZIONE SOCIALE

È sempre Labov a scrivere: «Social stratification is the product of social differentiation and social evaluation» e questo significa che «the normal workings of society have produced systematic differences between certain institutions or people, and that these differentiated forms have been ranked in status or prestige by general agreement»[32]. Dovendo indicare i parametri per descrivere una stratificazione sociale, egli propone in genere l'inclusione di alcuni fattori sociali che possono modificarsi insieme ad una variabile, e cioè: classe sociale (la si definisce in base a reddito, occupazione, educazione e collocazione dell'abitazione); sesso, età e rapporti con coetanei (peer group), gruppo etnico, stile contestuale.

Un esempio di stratificazione sociale è quella studiata da Labov a New York. L'occupazione di un individuo è strettamente connessa, più di ogni altra caratteristica sociale, al suo comportamento linguistico[33].

VARIABILI E VARIAZIONI

La sociolinguistica correlativa si è interessata in particolare alla *variazione* e al *mutamento*. Labov attribuisce due caratteristiche fondamentali alla variazione: essa può essere *sociale* e/o *stilistica*. Così si spiega: "By 'social', I mean those language traits which characterize various subgroups in a heterogeneous society; and by 'stylistic' the shifts by which a speaker adapts his language to the immediate context of the speech act».[34.] Quindi, la variazione sociale e stilistica che la sociolinguistica si impegna a rivelare e spiegare, si configura come l'insieme delle opzioni a disposizione del parlante per dire qualcosa in più versioni. Le *varianti* – realizzazioni concrete della variabile – avranno tutte uguale valore referenziale, ma si oppongono l'un l'altra per il significato sociale ed eventualmente stilistico che è loro attribuito.

Una variabile si contraddistingue per essere ricorrente, rientrare in una struttura composta da unità, con una distribuzione stratificata – cioè usata in modo asimmetrico secondo il gruppo generazionale o altre caratteristiche sociali. Quando la variazione avviene congiuntamente al cambio di stile (contesto linguistico) e al diverso strato sociale (contesto sociale), tali variabili sono identificabili come *markers* (contrassegni, marche). La distribuzione di questa variabile laboviana classica è rappresentabile tramite un diagramma cartesiano, disponendo sull'asse delle ordinate (verticale) la percentuale dei punteggi nella realizzazione delle varianti in relazione con: lo strato sociale (SEC: *socio-economic class*) e agli stili contestuali (A, B, C, D, D'), entrambi collocati sull'asse delle ascisse (orizzontale). Un esempio di marker è la pronuncia della fricativa interdentale sorda iniziale di parola usata a New York.

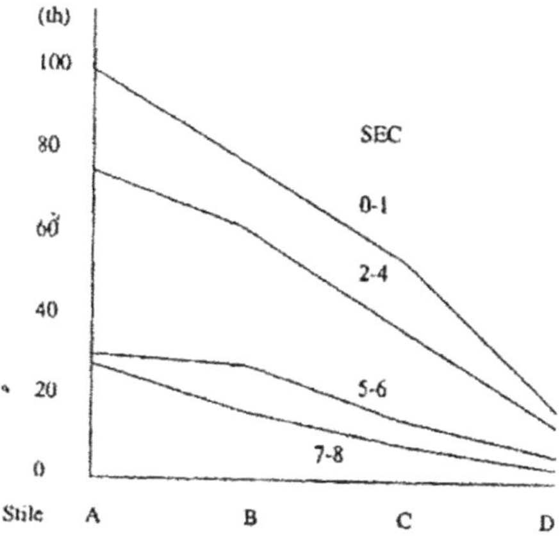

Generalmente la trascrizione sociolinguistica è: variabile (th). L'aspetto tipico di un diagramma lineare di questo genere sarà il seguente:

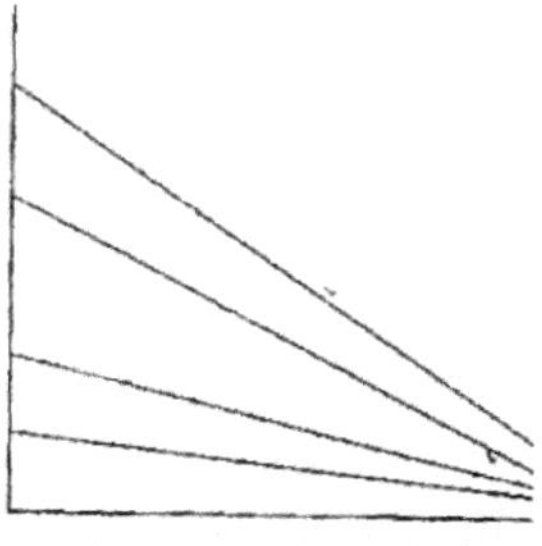

Altro caso di variabile: c'è variazione sociale, manca però una variazione stilistica negli intervistati. Questo tipo di variabile viene denominata *indicatore* (indicator).

Il diagramma sarà di questo tipo:

Questo significa che c'è una differenziazione nel comportamento dei vari strati sociali, ma c'è una simmetria nel tipo di reazione quando cambia lo stile contestuale.

Veniamo ora al caso dello *stereotipo*: quando non esiste variazione sociale e c'è invece variazione stilistica, la variabile in questione è uno stereotipo. La differenziazione non si realizza in una classe piuttosto che in un'altra, ma si attua a livello di stili contestuali.

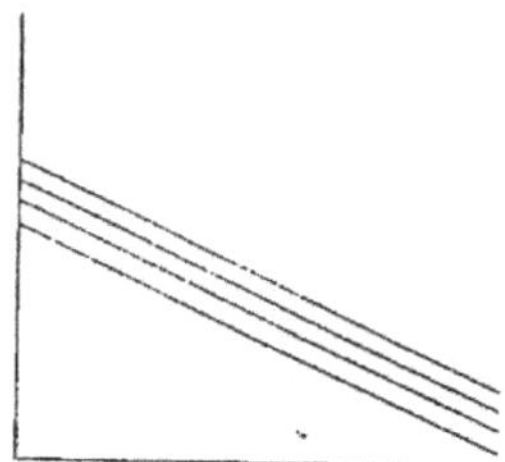

Un ultimo caso è quello dell'*ipercorrettismo*. Graficamente si presenta come accavallamento fra linee corrispondenti a una classe sociale (quelle poste in basso e corrispondenti al ceto medio-basso), là dove si verifica la tendenza a emulare il comportamento linguistico della classe sociale superiore, modello di correttezza e prestigio. Un esempio a proposito viene dalla ricerca di W. Labov sull'uso ipercorretto della variabile (r) presso la classe operaia e la piccola borghesia di New York. Il diagramma si presenta così:

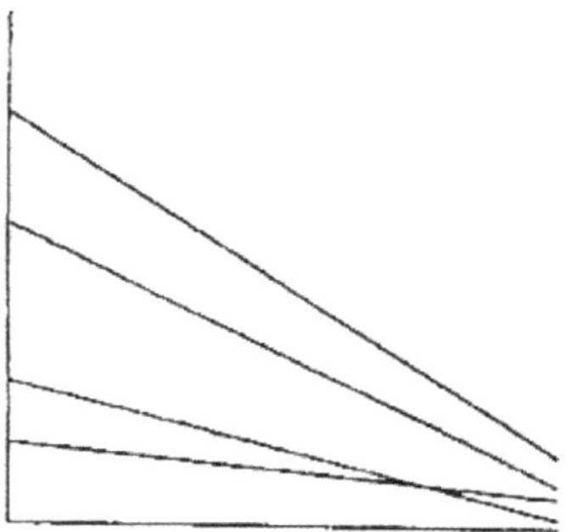

Lo studio delle variabili riguarda spesso la pronuncia, ma sono state fatte anche ricerche sulla sintassi. Di solito, nella letteratura sociolinguistica si ricorre ai valori medi, o alla percentuale di realizzazione delle variabili per un gruppo di persone; altre volte si citano valori individuali opportunatamente scelti nel campione a disposizione.

La trascrizione di una regola variabile, molto semplificata, consiste nel porre la regola tra i due segni ⟨ e ⟩, che significano che è più o meno probabile l'applicazione della regola. Nel caso della variabile (h), per esempio, una regola di cancellazione dell'aspirata assume questa formula:

$$h \rightarrow \langle \varnothing \rangle.$$

Per l'introduzione di informazioni contestuali e linguistiche in queste formule vedremo in seguito alcuni esempi. Basti per ora la formula generale: $X \rightarrow \langle Y \rangle / Z$ che si legge «riscrivere variabilmente X (o: X diventa variabilmente/è realizzato variabilmente) come Y nel contesto Z»[35], dove Z sta a indicare il contesto linguistico ed eventualmente extralinguistico che si correla con le realizzazioni della variabile. Gli elementi fra parentesi uncinate sono dunque considerati come sottoposti a una possibilità di ricorrere maggiore o minore.

3. 3. CAMPI DI RICERCA E APPLICAZIONI A PROBLEMATICHE ATTUALI

Gli ambiti di analisi della sociolinguistica correlativa sono generalmente ristretti a unità di ricerca che esaminano la lingua di una comunità. Essendo questo un metodo quantitativo, si sceglierà un gruppo dell'area urbana o rurale in cui si indaga, ricordando che nelle statistiche una volta raggiunto un valore stabile, l'aggiunta di altri dati non modifica i risultati in modo significativo.

La sociolinguistica ispirata da Labov si occupa soprattutto di due ambiti: la *variazione* e il *mutamento linguistico*. Si presta molta attenzione alla selezione di quei fattori contestuali, extralinguistici, che si correlano con le variabili linguistiche dipendenti. In questo settore di studi è diffusa la convinzione che la lingua rifletta piuttosto fedelmente la struttura sociale.

Nella scelta, poi, della lingua da analizzare, la posizione dei sociolinguisti è chiara: un dialetto si colloca sullo stesso piano di una lingua standard. Nel caso dell'inglese standard, per esempio, Peter Trudgill sostiene che esso può classificarsi come una varietà fra tante altre, anche se gli è associato un alto grado di prestigio, che è naturalmente un valore aggiuntivo, sovrapposto. Si reitera il concetto del relativismo linguistico: «There is nothing at all inherent in non-standard varieties which makes them inferior. Any apparent inferiority is due only to their association with speakers from under-privileged, low-status groups. In other words, attitudes towards non-standard dialects are attitudes which reflect the social structure of society»[36].

Quanto segue è una esemplificazione relativa a ricerche tratte dai numerosi lavori di sociolinguistica correlativa, un campo di studi molto vasto che, come detto, inizia con l'attività di Labov e dei suoi seguaci in grandi centri urbani (Stati Uniti), e continua con indagini presso comunità di dimensione minore (Gran Bretagna). C'è anche uno spazio consistente per l'analisi del *gender*, del *sessismo* visto da una prospettiva correlativa.

3. 3. 1. LINGUAGGIO E IDENTITÀ LOCALE

L'approccio correlativo a problematiche attuali ha riservato un ampio margine di indagine all'analisi degli elementi linguistici di una varietà, che variano presso i componenti di una comunità che ne fanno uso quotidianamente. Un lavoro preliminare di questo tipo venne svolto da William Labov nel 1961 a Martha's Vineyard, un'isola del Massachusetts che, alla luce di un censimento dell'anno precedente, contava quasi seimila abitanti.

Il ricercatore non può prescindere dai dati del censimento, che gli fornisce informazioni utili sulla composizione etnica della popolazione e sulla distribuzione di questa sull'isola. Altra fonte di informazioni è un'opera di dialettologia, "Linguistic Atlas of New England" (LANE), degli anni '40. Lo scopo di Labov è identificare un comportamento linguistico specifico degli isolani: l'isola è una specie di «laboratory for an initial investigation of social patterns in linguistic change»[37]. Infatti, non vengono trascurate informazioni su: collocazione dei centri abitati, attività economiche locali, etnie. L'isola è tradizionalmente divisa in *up-island* e *down-island*: a sud ci sono anche le tre comunità urbane più importanti, dove si concentra complessivamente un quarto della popolazione. A nord ci sono pochi villaggi, qualche tenuta, zone disabitate, foreste o paludi interrotte da case estive. I gruppi etnici più consistenti comprendono: discendenti di famiglie inglesi che per prime raggiunsero l'isola nel XVII secolo – in pratica gli "Yankee" del posto –, i discendenti dei Portoghesi, e un terzo gruppo formato dagli Indiani originari della riserva di Gay Head. Prevale l'endogamia. Il resto della popolazione (15%) non viene preso in considerazione, perché costituito da un gruppo misto nel quale le componenti hanno ciascuna una rilevanza numerica molto scarsa.

Ai linguisti americani l'isola era già nota per essere un'eccezione importante nel panorama dell'inglese americano, «an island of *r*-pronouncers in a sea of *r*-lessness»[38]. La peculiarità più evidente di questi statunitensi è che essi hanno resistito al prestigioso modello bostoniano e hanno conservato tratti che risalgono alle varietà del New England meridionale dell'Ottocento – gli abitanti di Martha's Vineyard di fatto pronunciano la polivibrante in posizione finale e preconsonantica.

Labov indirizza la sua ricerca alla scoperta di altri elementi linguistici locali soggetti a variazione. Dopo una serie di interviste con alcuni abitanti di Martha's Vineyard, individua una variazione nella realizzazione locale del primo elemento nei dittonghi /ay/ c /aw/, soggetto in entrambi i casi a centralizzazione. In pratica, il primo elemento si realizza in posizione più alta di [a]. In luogo della pronuncia [ai] e [aU], a Martha's Vineyard si hanno [ɐɪ] e [ɐU] e persino [əɪ] ed [əU]. I due dittonghi saranno dunque al centro della ricerca. Annota Labov: «Whereas // means that internal variation is to be disregarded as insignificant, ( ) indicates that this variation is the prime focus of study»[39].

Il campione comprende 69 nativi, dediti ad attività varie (pesca, agricoltura, trasporto, studio) e rappresentativi dei tre gruppi etnici maggiori. Vengono sottoposti ad un questionario lessicale (con parole contenenti i due dittonghi), a domande di valutazione soggettiva inerenti a tematiche sociali o luoghi comuni, e infine a un testo da leggere.

Dall'analisi spettrografica relativa a sette individui di diverse fasce generazionali e da una riconduzione delle formanti a scale logaritmiche, se si confronta l'esito della misurazione del sistema vocale dei singoli parlanti, emerge una somiglianza nei comportamenti linguistici: «Despite the differences in vowel placement, these seven speakers utilize the same dimension to produce the effect of centralized or open vowels: widely separated formants for centralized vowels, adjacent formants for open vowels»[40]. Si procede alla meticolosa ricostruzione della distribuzione e della pronuncia dei due dittonghi nelle liste di parole, in riferimento a ognuno dei 69 individui. Labov isola i fattori contestuali linguistici (segmentali) e i fattori sociali che possono condizionare la differente realizzazione dei dittonghi.

La natura della consonante che segue il dittongo può avere un effetto decisivo a livello articolatorio. Possiamo così definire la seguente regola variabile:

/Θ, s; p, f; d, v, z; k, t, ð :ø: l, r; n; m/[41]

la centralizzazione è facilitata dalle consonanti orali, sorde, apicali e occlusive, mentre non è favorita da consonanti sonore, nasali, velari e fricative.

La consonante precedente esercita invece un condizionamento di tipo opposto a quello della consonante seguente. Questo spiega l'influenza positiva, per l'esito di centralizzazione dei dittonghi, dei contoidi /h, l, r, w, m, n/ ad inizio sillaba, come ad esempio in *right, wife, night, hight*.

La distribuzione generazionale delle varianti è caratterizzata da un comportamento linguistico che comporta l'aumento dell'indice di (ay) e (aw) centrali fra i 31 e i 45 anni.

TABLE 1.2.
CENTRALIZATION OF (ay)
AND (aw) BY AGE LEVEL

Age	(ay)	(aw)
75–	25	22
61–75	35	37
46–60	62	44
31–45	81	88
14–30	37	46

La tesi esplicativa è che la variazione di frequenza nell'uso di questo "pattern" nei diversi livelli d'età starebbe a dimostrare un processo di mutamento linguistico in atto. Labov ipotizza che la centralizzazione dei dittonghi abbia vissuto una fase di stasi negli anni '30, per poi riprendere vigore dopo la guerra.

Uno studio della distribuzione areale dei dittonghi centralizzati mette in evidenza il maggior uso delle variabili nelle zone rurali, e in particolare fra i pescatori.

Consideriamo la distribuzione per occupazione:

	(ay)	(aw)
Pescatori	100	79
Agricoltori	32	22
Altri	41	57

e la distribuzione per gruppi etnici

TABLE 1.5.
CENTRALIZATION BY ETHNIC GROUPS

Age level	English (ay)(aw)		Portuguese (ay)(aw)		Indian (ay)(aw)	
Over 60	36	34	26	26	32	40
46 to 60	85	63	37	59	71	100
31 to 45	108	109	73	83	80	133
Under 30	35	31	34	52	47	88
All ages	67	60	42	54	56	90

(Ricordo che gli indici non sono qui in valore percentuale).

La spiegazione dei risultati della ricerca parte da una comprensione della struttura sociale di Martha's Vineyard. È da tener presente che qui non ci sono industrie, gli abitanti si distinguono per avere il reddito medio più basso del Massachusetts. Alta è anche la media, rispetto a quella nazionale, delle donne che lavorano e sono sposate con figli. D'estate, c'è un popolo di "vacanzieri", che però non contribuisce molto a risanare le finanze locali. Labov spiega l'uso dei dittonghi centralizzati come una forma linguistica da correlare con la resistenza dei locali alle incursioni esterne, spesso vissute quasi come minacciose. Questo sentimento è molto diffuso in particolare a Chilmark, dove l'attività principale è la pesca.

Tra i cittadini del posto è anche parecchio diffusa la /r/ retroflessa, specie tra i ragazzi. Il comportamento di questi riguardo ai dittonghi è omogeneo a quello del campione investigato per l'altro fenomeno, specie tra i 30 e i 45 anni. Una motivazione sociale a questo comportamento è che queste ultime generazioni hanno vissuto l'esperienza della seconda guerra mondiale e della guerra in Corea. In molti hanno poi deciso di tornare a casa, sull'isola. Diverso è l'atteggiamento che si registra invece tra i giovani che attualmente intendono lasciare l'isola. Un ragazzo del campione ha subito infatti l'influenza dei visitatori di Boston e la sua pronuncia di *car* è diventata [ka:].

Per il gruppo portoghese l'integrazione è stata lenta: noti per avere "a defensive attitude", i Portoghesi non sono facili a esprimere critiche nei confronti degli altri. Mentre gli inglesi condannano senza indugi i continentali che acquistano terreni e proprietà sull'isola, i Portoghesi non formulano giudizi. In questo gruppo etnico, al di sopra dei 45 anni c'è ben poca centralizzazione. La generazione antecedente (31-45) ha invece l'indice più alto di centralizzazione: è quella che si occupa di attività commerciali o è impiegata nel settore burocratico. Questi Portoghesi si considerano nativi a tutti gli effetti, e non prevedono nel loro futuro spostamenti sul continente, per studio o per cercarvi un'occupazione. Si stanno sostituendo gradualmente agli Inglesi nei luoghi di gestione politica e amministrativa dell'isola. Il loro modello è quello locale, degli abitanti inglesi discendenti dei primi coloni.

Il gruppo pellerossa è quello più omogeneo. Essendo in certo modo dei "second-class citizens", essi hanno maturato nel tempo un forte risentimento. Sull'isola sono ancora visti come dei reietti dagli *Yankee* del posto. Sono ostili agli abitanti di Chilmark, e, sebbene proclamino la parità sociale, non accettano il modello linguistico inglese, pur sapendo che il loro fine di piena integrazione è raggiungibile solo attraverso questo mezzo linguistico. Nel complesso la distribuzione massima della centralizzazione è tra i giovani portoghesi.

Dicendo [rɐɪt] o [hɐUs] invece di [rəɪt] o [həUs] l'isolano conferma la sua appartenenza a Martha's Vineyard. I diversi gruppi etnici e le diverse generazioni, vivendo le difficoltà e le sfide del proprio tempo – specie negli anni della crisi economica e delle guerre –, hanno percepito come una minaccia la presenza di turisti pronti ad appropriarsi di case e terreni. La centralizzazione è servita allora come mezzo di affermazione della propria identità, ed è pertanto più accentuata presso i pescatori di Chilmark, «the most close-knit group on the island»[42]. Questi godono anche di ampia considerazione presso quei giovani della comunità che vogliono garantire la continuità e la sopravvivenza della comunità stessa. Per i Portoghesi, che avanzano di posizione sociale, è importante minimizzare il grado di riconoscibilità della pronuncia portoghese ed imitare il modello degli angloamericani. Gli Indiani, nonostante resistenze e conflittualità, tutto sommato li seguono nel cambiamento.

Il percorso di cambiamento linguistico a Martha's Vineyard si può così riassumere:

1. una caratteristica linguistica di un gruppo A si pone in contrasto con un dialetto standard,

2. il gruppo A è un modello per il gruppo B, che imita la variabile e spesso la enfatizza,

3. si accentua presso il gruppo B la tendenza all'ipercorretismo, eccedendo nell'uso della variabile anche laddove, di norma, non è presente,

4. si afferma una nuova forma,

5. che viene, infine recepita da un gruppo C, che ha come modello il gruppo B.

3. 3. 2. LINGUAGGIO E STRATIFICAZIONE SOCIALE

Com'è ovvio, non si parla sempre allo stesso modo, e ci sono delle varietà individuali che possono a loro volta essere ricondotte a varietà diffuse tra gruppi di aggregazione appartenenti a un diverso livello sociale. Si può allora scomporre la struttura sociale in *strati* o ceti. Nel 1962 Labov intraprende uno studio linguistico sulla stratificazione sociale in una grande metropoli americana, New York.

La scelta del luogo pone problemi a prima vista insormontabili, a partire da quelli dovuti all'enorme concentrazione di abitanti. Labov decide di svolgere l'indagine in un quartiere, il Lower East Side di Manhattan, dove sono presenti tutte le etnie che popolano la città, e cioè Anglo-Americani, Afro-Americani, Italiani, Ebrei, Portoricani: una riproduzione in scala ridotta dell'intera New York, in sostanza. Compie la ricerca in tre grandi magazzini, fingendosi un cliente che chiede informazioni; ricorre all'intervista rapida e anonima.

Tramite una verifica preliminare, consistente in 70 interviste individuali e in osservazioni anonime in locali pubblici, Labov individua alcune variabili interessanti, tra cui le consonanti (r) e (Θ), in aggiunta a tre variabili vocaliche. In particolare la presenza o l'assenza di [r] in posizione postvocalica – come in *car, card, four, forth* – rappresenterebbe un caso interessante di marca (marker) che, per come è realizzata dai parlanti, rifletterebbe la stratificazione sociale di New York. È così individuata un'unità d'analisi potenzialmente significativa.

Si può dunque descrivere il modello (*pattern*) di stratificazione locale attraverso la variabile (r), e il suo indice di differenziazione. Il ricercatore ha a disposizione un campione di 264 dipendenti di tre grandi magazzini newyorkesi (Saks, Macy's e S. Klein). Si presuppone, infatti, che l'occupazione sia il mezzo più indicato per definire lo status sociale di un individuo in una data comunità, almeno relativamente alla società americana e industrializzata. I luoghi designati per la ricerca riflettono a loro volta giudizi e valutazioni sociali connessi con la qualità dei capi d'abbigliamento e il tipo di servizio fornito ai clienti. Queste opinioni si riflettono anche nella collocazione logistica, nel carattere tipografico utilizzato per i cartellini e i prezzi dei capi nelle campagne pubblicitarie, nella organizzazione interna dei magazzini (da S. Klein c'è una gran quantità di merce esposta, da Saks, invece, ci sono ambienti molto spaziosi ed eleganti con ridotta esposizione dei capi), e infine nei rapporti di lavoro: i contratti da S. Klein sono a breve termine, e i dipendenti spesso lasciano il posto per occasioni migliori; più tradizionale, invece, il rapporto di lavoro negli altri due gruppi. Da Saks si presta molta attenzione a stabilire rapporti "esclusivi" con i dipendenti, o almeno a farli sembrare tali. Altra nota interessante emerge dai quotidiani: secondo alcune ricerche, il *Daily News* è il quotidiano più diffuso tra i lavoratori (working class), mentre il *New York Times* è il giornale più letto dalla classe media (middle class). La pubblicità dei tre magazzini, su due numeri dei quotidiani suddetti, presi a caso da Labov, vede orientarsi Saks per il *NY Times*, S. Klein decisamente per il *Daily News* e Macy in posizione intermedia.

Il metodo include variabili indipendenti (il magazzino e la sua articolazione in piani, e inoltre il sesso, l'età, l'occupazione, l'etnia, e l'accento dei dipendenti), da mettere in correlazione con l'uso della variabile (r) in quattro casi, all'interno di due stili contestuali:

- casuale: fou_rth floo_r
- enfatico: *fou_rth floo_r.*

Labov ha proceduto nella ricerca visitando il quarto piano di ogni grande magazzino e chiedendo a più dipendenti possibili: «Excuse me, what floor is this?»[43] (annotando la pronuncia di (r) e anche della (th) finale di fourth). I dipendenti di Saks intervistati sono 68, 125 quelli di Macy's e 71 di S. Klein. Labov attribuisce il coefficiente (r-1) a quanti pronunciano la (r), (r-0) nel caso in cui non appare la variabile. Naturalmente, si prevede la probabilità che la (r) nelle suddette risposte sia pronunciata sempre, tre volte su quattro, due o una volta sola, oppure mai. Annotando per ogni utente le diverse realizzazioni, le percentuali finali della presenza della variabile (r) saranno: Saks 62%, Macy's 51%, S. Klein 20%. La proiezione diagrammatica delle percentuali per le realizzazioni di "fourth floor" nei tre magazzini sarà la seguente:

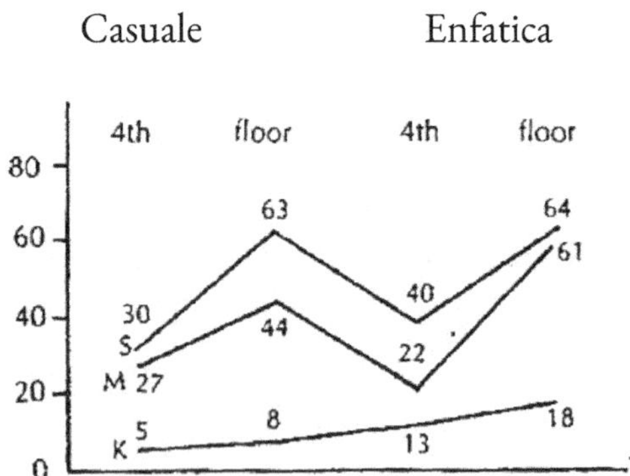

Fig. 2.2 Percentage of all (r-1) by store for four positions. (S = Saks, M = Macy's, K = Kleins.)

Dal grafico Labov deduce che i dipendenti di Saks sono quelli più sicuri di sé, linguisticamente parlando c'è poca divergenza (*shift*) tra pronuncia enfatica (tipica di quando si risponde alla richiesta di ripetere una cosa già detta) e la pronuncia casuale. Le basse percentuali di Kleins non devono trarre in inganno, anzi fra i dipendenti c'è un aumento della media di (r) dal 5 al 18% quando si passa da un contesto spontaneo a quello enfatico. Per spiegare questa differenziazione e la maggiore insicurezza dei dipendenti di Kleins, vengono prese in considerazione l'origine etnica, le mansioni lavorative e l'età – il sesso risulta essere un fattore non incisivo nella variazione in questione.

Per quanto riguarda l'appartenenza etnica, c'è un maggior numero di impiegati di colore da Kleins, segue Macy's e infine Saks. Quelli di Macy's usano una quantità minore di (r-1) rispetto agli impiegati bianchi, e comunque la variabile è presente; da Kleins, invece, si registra una propensione in senso opposto, con la quasi totale assenza di (r-1). La percentuale bassa nel grafico dei dipendenti Kleins è collegata con la stratificazione sociale dei tre magazzini, dove la gente di colore è impiegata soprattutto per lavori umili. Una presenza consistente di impiegati di colore, favorirà percentuali d'uso di (r-1) più basse. Queste differenze sociali nei tre luoghi investigati emergono se si prende in considerazione l'attività svolta dai vari dipendenti. Da Macy's, la media di (r) nelle sue varianti è la stessa per i sorveglianti e per le commesse, anche se il primo gruppo usa (r) più spesso. Da Saks c'è una differenza notevole tra impiegati del piano terra – che, per disposizione e organizzazione del lavoro, è molto simile a Macy's – e dei piani superiori. La tabella mostra le percentuali di distribuzione presso Saks.

TABLE 2.4.
DISTRIBUTION OF (r) BY FLOOR IN SAKS

(r)	Ground floor	Upper floors
% all (r-1)	23	34
% some (r-1)	23	40
% no (r-1)	54	26
	100	100
N =	30	38

Altro dato extralinguistico significativo riguarda la distribuzione della variabile in base all'età. Considerando tre fasce d'età (15-30, 35-50, 55-70) e correlandole insieme ai diversi negozi con la variabile (r) si ottiene la seguente stratificazione (nello stereogramma N sta per numero totale e le zone ombreggiate indicano la presenza di (r) espressa seguendo un calcolo percentuale):

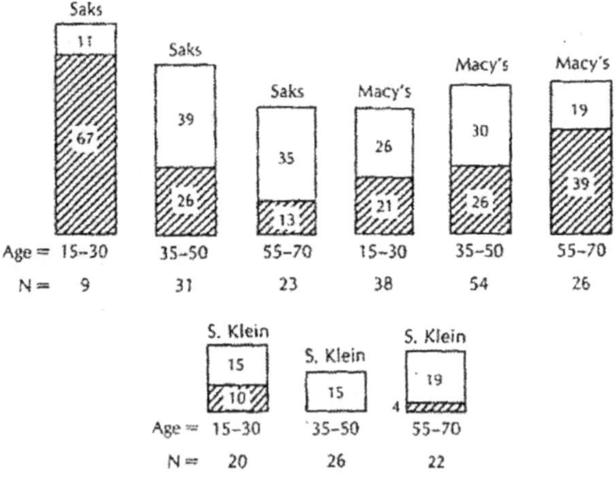

Come spiegare la notevole divergenza nel comportamento linguistico presso i dipendenti di Saks e Macy's nell'ultima fascia d'età? La tesi di Labov è che il passaggio dal modello prestigioso del New Engalnd, privo di [r], a quello del Midwest, con [r], è più sentito dagli impiegati di Saks, dove i giovani sono condizionati dal modello recente che ne prevede la pronuncia, mentre i più anziani non lo sono. Da Macy's c'è minore consapevolezza linguistica e una maggiore continuità con la tradizione di New York; allo stesso tempo, però, i più anziani si comportano in senso contrario rispetto ai loro coetanei di Saks, e pronunciano la (r). L'unico modo per spiegare queste contraddizioni generazionali nei due grandi magazzini è completare l'inchiesta con interviste individuali ricavate da una fonte sicura, una ricerca della *Mobilization for Youth*, eseguita secondo la prassi laboviana. Considerate età, classe socioeconomica e due stili contestuali (A: spontaneo, B: accurato), si ricavano ulteriori proiezioni e dati che confermano un diverso comportamento delle classi sociali che possiamo identificare con l'*upper middle class* (UMC) di Saks e la *lower middle class* (LMC) di Macy's. Mentre gli anziani del primo strato mantengono una pronuncia in controtendenza rispetto ai giovani, gli anziani della classe medio-bassa, più insicuri, adottano la nuova norma. Questo scarto generazionale e di classe viene così generalizzato da Labov:

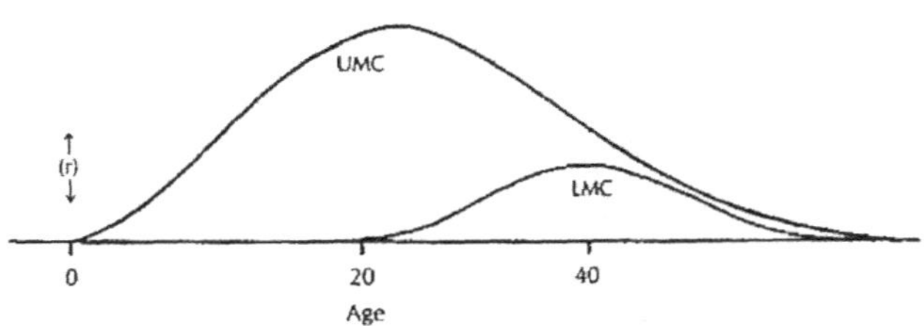

mentre la distribuzione di (r) può essere ricavata con la formula seguente:

$$(r\text{-}1) = \text{-}a\,(Class) + b\,(Style)(ILI)\,\text{-}c\,\big|\,(Class)\cdot 20 - (Age)\big| + d$$

la quale si leggerà: la distribuzione di (r-1) – cioè di [r] – è inversamente correlata con la distanza dal gruppo socioeconomico più alto; essa è contemporaneamente proporzionale alla formalità dello stile e all'attenzione che il parlante presta alla propria pronuncia. La differenza nella transizione tra gli stili è modificata da una funzione detta ILI (Index of Linguistic Insecurity). La distribuzione generazionale ha indici più alti per l'UMC a 20 anni e a 40 per la LMC (lower middle class).

Il comportamento dell'UMC diverge da quello degli altri ceti perché il modello d'uso di (r) a questo livello si sviluppa presto, già in famiglia. Invece, l'acquisizione di (r-1) avviene più tardi nelle altre classi, e nella lower middle class si accentua l'ipercorrettismo nei contesti non spontanei. I parlanti che al momento della ricerca avevano 40 anni o 50 sono cresciuti durante un periodo in cui la norma di prestigio non era (r-1) ma (r-0). Prima della seconda guerra mondiale nelle scuole di New York si insegnava la pronuncia di (r) secondo la tradizione anglofila, mentre la presenza di [r] era stigmatizzato come un elemento provinciale (dunque, la pronuncia corretta di *car* sarebbe stata [**ka·**]). La ricerca dimostra che i soggetti della *lower middle class*, superata la soglia dei cinquant'anni, sono passati a (r-1) nel discorso formale, abbandonando la vecchia norma di prestigio e imitando la forma usata dai parlanti giovani di status più alto con cui entrano in contatto nella vita quotidiana. Molti parlanti dell'*upper middle class* della stessa età aderiscono invece alla norma originale, in contrasto con la tendenza più recente. Il modello che abbiamo osservato nell'indagine sul quartiere dei negozi è anche un riflesso dell'insicurezza linguistica della *lower middle class*, insicurezza che ha spinto la generazione più anziana ad adottare dunque la norma più recente (r-1), preferendola alla precedente. Il processo di socializzazione, sostiene Labov, è più lento per la *lower middle class*, che generalmente non frequenta i college. I tempi si allungano di molto per quanti non hanno disponibilità per accedere agli studi superiori, e possono trascorrere 10 o 20 anni prima di raggiungere il massimo grado di sensibilità linguistica all'organizzazione gerarchica del linguaggio formale entro la comunità.

La ricerca di Labov sulla stratificazione sociale della comunità newyorkese è illustrata dal seguente diagramma, dove A, B, C e D indicano gli stili contestuali e la numerazione da 0 a 9 indica le classi sociali investigate (0-1 sottoproletariato, 2-3 e 4-5 classe operaia, 6-8 piccola borghesia, 9 alta borghesia). Il diagramma rappresenta la distribuzione della variabile (r-1).

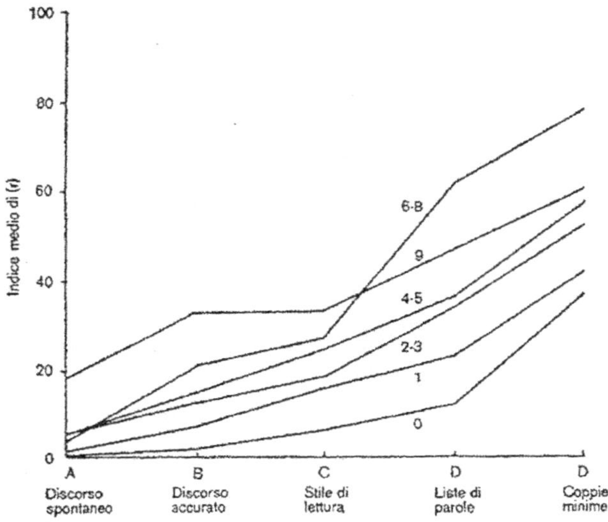

3. 3. 3. IL BLACK ENGLISH VERNACULAR

Negli anni '60 in America si è discusso molto intorno al fallimento delle politiche scolastiche sino ad allora sperimentate. Il perno del dibattito, che coinvolse tutti i teorici la cui disciplina vantasse una qualche attinenza con l'educazione scolastica, fu, in particolare, il cattivo rendimento dei ragazzi di colore nella scuola superiore e la loro evidente difficoltà nella lettura. È il periodo della pratica dei metodi scolastici di natura "compensatrice": postulato, cioè, un deficit linguistico di alcuni studenti, attribuibile all'ambiente familiare, si cerca di compensarne le lacune nell'ambiente scolastico, insegnando il codice linguistico identificato come la varietà standard o di prestigio. Sono metodi che seguono le teorie di Basil Bernstein, e che negli anni '50 erano diffuse e sostenute negli ambienti didattici statunitensi. Ma sulla scia di tali teorie, studiosi come Arthur Jensen hanno proposto, negli anni successivi, spiegazioni e teorie che per Labov risultano improponibili perché prive di conferme concrete. L'articolo di Jensen, *How much can we boost IQ and scholastic achievement?*, comparso nella *Harvard Educational Review* (1969), esponeva tesi che ebbero molto seguito nella psicologia dell'educazione: per chiarire il fallimento di queste strategie educative nelle comunità afro-americane, si avanza l'idea, ancora più criptorazzista, dell'esistenza di cause di natura biologica. Jensen si limita a cercare nello studente, e non nel sistema, le ragioni degli errori commessi. Uno sbaglio grave, perché l'inefficacia di un programma educativo non è eliminabile, sostiene Labov, quando si arriva ad ipotizzare perfino la mancanza di capacità logiche e di apprendimento negli adolescenti di colore, o a pensare che gli enunciati di un ragazzo di colore, grammaticalmente scorretti dal punto di vista di chi insegna la varietà standard, siano una conferma dell' "ottusità innata" di un genere di individui confinati in uno stato linguistico eternamente primitivo.

Le riflessioni di Labov sul Black English Vernacular, raccolte in *Language in the Inner City*, sono dunque contemporanee alle vicende sociali della locale incompiuta integrazione razziale, specie in grandi città dove le comunità di colore rappresentavano una realtà a parte e ancora poco comprensibile per il mondo bianco. D'altronde, era anche evidente che le persone di colore vivevano in un sistema, quello americano, organizzato gerarchicamente secondo il colore della pelle, «a color-marking system»[44], e i problemi sorti nelle scuole sono anche interpretabili come un riflesso di più generali conflitti di natura politica e sociale. In una tale prospettiva, Labov dichiara che «dialect differences are important because they are symbols of this conflict»[45], e l'istruzione diventa inefficace quando si pretende di poter ignorare il sistema linguistico dell'insegnante da una parte e dello studente dall'altra, per cui non sono condivise le regole basilari per tradurre un sistema nell'altro[46].

La complessa ricerca iniziata da Labov nel 1965, e pubblicata per la prima volta nel 1972, venne svolta nel "ghetto" di Harlem, a New York. Come in altri lavori, il linguista si impegna nel creare le condizioni più favorevoli per uno studio empirico realistico della varietà dialettale degli afro-americani. I risultati ottenuti provano la validità della tesi che sostiene l'esistenza di una varietà di inglese della comunità afro-americana, parlata soprattutto in una fascia generazionale, quella tra i nove e i diciannove anni, che ha caratteristiche strutturali specifiche. Il Black English Vernacular (BEV) va considerato come un dialetto a tutti gli effetti, probabilmente te con antiche origini creole, sviluppatosi parallelamente ad altri dialetti statunitensi meridionali. Questa continuità trova un'ulteriore conferma nel BEV parlato nei "ghetti" di diverse città del Nord America, soprattutto dagli adolescenti organizzati in vere e proprie forme associative, i *peer groups*, che offrono un modello di vita e di valori alternativo a quello della scuola e della famiglia.

I *peer groups* presi in esame da Labov e dai suoi collaboratori sono in parte una continuazione delle forme di aggregazione tipiche degli anni '40 e '50, ma rispetto alle unità di un tempo si è ridimensionata la loro funzione: ci si riunisce e si fa gruppo per condividere uno *stile* di vita e la "cultura di strada" (*street culture*). Il principio della lotta comune, ispirata da posizioni nazionaliste estreme, era presente solo in alcuni gruppi investigati, come nel caso dei Cobras, i quali erano anche molto influenzati dalla religione musulmana. Oltre ai Cobras, altri gruppi con cui i ricercatori sono entrati in contatto sono: due gruppi di preadolescenti – i Thunderbirds e gli Aces –, e due gruppi di adolescenti, i già ricordati Cobras e i Jets. Questi gruppi hanno una collocazione specifica negli isolati e un'organizzazione precisa, un capo e dei componenti più o meno marginali; farne parte significa accettare un sistema di valori ed essere ritenuti all'altezza di questa aspirazione. Le qualità più apprezzate in un membro del gruppo sono: presenza fisica, coraggio ed esperienza nella lotta; capacità linguistiche che si traducono in *insulti rituali* e *narrazioni* (story-telling); esperienze nei riformatorî, furti e infine contatti con persone che possono fornire droga. «Success in school is irrelevant to prestige within the group, and reading is rarely if ever used outside of school»[47].

Naturalmente, non tutti i ragazzi che aspirano a far parte di un gruppo sono accettati: c'è, infatti, una presenza non marginale di ragazzi esclusi, ma anche autoesclusi, da queste forme associative, i cosiddetti *lames*. Sono i ragazzi che ottengono migliori risultati a scuola, non fanno parte di *peer groups*, sono più disposti ad accettare il modello offerto dalla cultura americana dominante senza il bisogno di metterlo mai in discussione. Certo, non tutti i *lames* sono studenti diligenti e pacifici, ci sono ragazzi con problemi anche tra di loro. La definizione in sé ha comunque una connotazione negativa perché, scrive Labov «What all lames have in common is that they lack the knowledge which is necessary to run any kind of a game in the vernacular culture»[48]. È ovvio che ci sono delle caratteristiche linguistiche in questi adolescenti che si discostano parecchio dalla varietà in uso dai loro coetanei nei *peer groups*.

Le informazioni riguardo al BEV sono ricavate da interviste di gruppo e individuali. Inizialmente era necessario guadagnarsi la fiducia degli adolescenti introducendosi gradualmente nei gruppi, e in questo i ricercatori coordinati da Labov furono aiutati da John Lewis, un adulto di colore con la funzione di osservatore partecipe degli incontri quotidiani dei Jets e dei Cobras. L'indagine ha riguardato la fonetica, la grammatica e la sintassi degli adolescenti di colore. In quanto all'uso effettivo delle conoscenze ricavate da una simile ricerca, Labov auspica di introdurre nelle scuole una didattica che promuova l'integrazione accettando la diversità, evitando di alienare gli studenti che sono meno sensibili alla proposta educativa attuale. Questo è realizzabile affiancando all'insegnante una figura esperta della vita degli adolescenti, un uomo di colore che funga cioè da intermediario, dimostrando un qualche interesse verso le attività e gli interessi dei ragazzi di quartiere, utilizzando anche testi in *vernacolo*, promuovendo attività ricreative anche al di fuori del contesto scolastico. Labov rivolge obiezioni e critiche a quanti facciano affidamento a riflessioni di natura linguistica senza aver alcuna esperienza in materia, come nel caso di Jensen e di chi come lui si inoltra in ipotesi sul deficit cognitivo e culturale di un gruppo valutando gli enunciati di test poco obiettivi, improvvisati in contesti scolastici dove gli studenti di colore percepiscono le domande e le osservazioni di chi li esamina come una prova che verrà valutata con parametri identificabili con la cultura dominante. Bisogna allora superare la condizione di estraneità nei riguardi della cultura della comunità afro-americana, cominciando proprio dalla loro varietà linguistica.

VARIABILI FONOLOGICHE

Le diversità tra inglese standard e Black English Vernacular che creano maggiori difficoltà negli studenti di colore quando imparano a leggere in inglese standard consistono in alcune regole del BEV che spiegano errori frequenti nella pronuncia dei bambini afro-americani, la lentezza di questi nel leggere e il peggioramento di questa abilità durante l'adolescenza, quando si riscontra un aumento della frequenza d'uso delle caratteristiche tipiche del BEV, specie tra gli adolescenti dei *peer groups*.

L'assenza di r.
Una peculiarità del Bev è che la *r* non viene pronunciata, non solo a fine parola o prima di altre consonanti (fenomeno diffuso in alcune aree del New England, a New York e nel Sud), ma anche all'interno di parola, creando casi di omonimia come i seguenti:
<u>guard</u> = <u>god</u>, <u>Paris</u> = <u>pass</u>, <u>terrace</u> = <u>test</u>[49].

L'assenza di l.
La mancata pronuncia di questa consonante in genere avviene

nella quasi totalità dei casi, e si manifesta senza eccezioni dopo vocali posteriori arrotondate. Alcuni esempi: toll = toe, help = hep, tool = too, all = awe, fault = fought[50].

Semplificazione dei gruppi consonantici.

Nel Black English Vernacular si tende a semplificare la pronuncia dei gruppi consonantici in posizione finale di parola. Sono coinvolti in questa regola i gruppi consonantici che terminano in /t/ o /d/, /s/ o /z/. Nel primo gruppo rientrano -st, -ft, -nt, -nd, -ld, -zd, -md. In genere, è l'ultima consonante a cadere, e alcuni casi di omonimia derivante da tale sviluppo sono: past = pass, rift = riff, meant = mean, mend = men, wind = wine, hold = hole[51]. Questa semplificazione è regolare quando la parola presenta il morfema -*s* del plurale o della terza persona del presente indicativo. Si avrà: guest = guess (plurale), ask = asks = ass (terza pers. sing.)[52].

Il secondo gruppo che subisce semplificazione di gruppi consonantici finali comprende le parole uscenti in /s/ o /z/. L'assenza dei due contoidi si verifica per esempio nella pronuncia delle seguenti parole: six = sick, box = bock, Max = Mack, mix = Mick[53].

Una conseguenza delle regole fonologiche in questione è il condizionamento da queste esercitato quando un bambino di colore impara a leggere l'inglese standard, senza riuscire a distinguere la differenza di significato tra parole per lui identiche. Si verificano anche problemi quando si tratta di riconoscere alcuni tempi verbali come il passato (*past tense*), che presentano /t,d/ finali, perché il suffisso -*ed* non è più percepito come distintivo da molti studenti[54].

ASPETTI GRAMMATICALI

Nell'analisi di regole e costruzioni tipiche del Black English Vernacular, Labov giunge alla conclusione che c'è un grado di sistematicità nel BEV, in cui è possibile isolare delle caratteristiche che lo distinguono dallo standard e da altri dialetti americani. Labov dedica ampio spazio alla trattazione del verbo essere nel BEV, dato che da più parti è stata avanzata l'ipotesi che in questo dialetto il verbo *essere* non esista come copula e ausiliare, tesi che il linguista ha dimostrato essere del tutto infondata.

Uso della copula

L'uso del verbo *to be* può risultare molto irregolare in alcuni enunciati, ed essere perfino omesso, dando l'impressione che nella varietà degli afro-americani il verbo essere non esista – come copula o ausiliare. In realtà si può trovare una spiegazione alternativa per frasi come queste:

"He a friend"

"He working with us"[55]

"He fast in everything he do"

"You out the game"

"We on tape"

"He gon' try to get up"

"They not caught"[56].

Una conferma indiretta dell'esistenza di *be* viene però dall'uso categorico di *was* al passato e della forma negativa *ain't* al posto di *is not* ("It ain't no cat can't get in no coop"), oppure da *I'm* ("I'm tired") o ancora nelle imperative ("Be cool brothers!") o nelle infinitive ("You got to be good, Rednall!") o in interrogative indirette ("I don't care what you are"). C'è poi l'uso, caratteristico del solo BEV tra tutti i dialetti inglesi, di ricorrere a *be* per indicare un'abitudine, come in: "He be always fooling around". E poi c'è l'uso di *been* con valore continuativo, combinando il significato di *used to* e *have...ed*. È questa una forma del passato che è comprensibile solo dai parlanti il dialetto Black English. La frase "She been married" significa che la donna di cui si sta parlando è ancora sposata, e non il contrario come sarebbe nell'inglese standard (lo è stata ed ora non lo è più). Rimane dunque da accertare perché in alcuni casi *is* ed *are* – copula o ausiliari di gerundi in *-ing* – cadono e in altri invece non subiscono variazioni. La tendenza dei parlanti il Black English Vernacular è di cancellare le forme che sono più soggette alla contrazione, andando da una probabilità di applicazione minore ad una maggiore nel seguente ordine: il predicato nominale è un sostantivo, il predicato è un aggettivo, è seguito da un locativo, o dal verbo progressivo in *-ing* o dalle forme del futuro in *gon'* o *gonna* (futuro colloquiale di *going to*).

I dati emersi nello studio di Labov a New York sono confermati da una ricerca di W. Wolfam (1969) a Detroit nella locale comunità afro-americana. Anche qui la cancellazione della copula risulta essere condizionata dall'elemento grammaticale seguente, in misura diversa se correlato con la classe sociale – in particolare la classe borghese con i ceti inferiori. Queste le percentuali di non occorrenza di *to be* quando è seguito da: un nome (N), un aggettivo predicativo (PA), un locativo (Loc), una forma verbale in -ing (Ving) e, infine la forma del futuro in *gon'* o *gonna* (gn).

	_N	_PA	_Loc	_Ving	_gn
Middle class	1.6	4.2	13.3	11.3	33.3
Lower class	36.5	47.3	44.4	50.0	78.9

3. 3. 4. IL SESSISMO NEL LINGUAGGIO

Nella seconda metà del Novecento si sono concentrate le critiche e le iniziative da parte del movimento femminista per legittimare uno studio del linguaggio da una prospettiva obiettiva nei confronti del linguaggio femminile. D'altronde, la differenza nel modo di comunicare di uomini e donne è stata spesso banalizzata in luoghi comuni (le donne parlano tanto), stereotipi sociali (le donne usano un lessico più affettuoso con i figli e in genere parlano di cose frivole) e pregiudizi che a volte sono stati adoperati per sostenere tesi che hanno come corollario l'inferiorità del modo di esprimersi delle donne.

Per Labov «the sexual differentiation of speakers is therefore not a product of physical factors alone, or of different amounts of referential information supplied by speakers, but rather an expressive posture which is socially more appropriate for one sex or the other»[57]. Una visione linguistica d'insieme non deve trascurare, dunque, l'organizzarsi dimorfico del genere umano e la divisione dei ruoli che si riflette nella lingua, la quale veicola significati e indicazioni di carattere sociale riguardanti gli interlocutori. C'è una «intersection between language, gender, and society, emphasizing sociolinguistic framework and distinctions»: infatti, è necessario tener conto del contesto sociale: «relating sex differences in language and speech to the social differentiation of the sexes, the structures of male dominance, and the division of labor by sex»[58].

Obiettivo delle molte critiche femministe alla linguistica tradizionale è la svalutazione del *woman's language* a puro fenomeno, confermando implicitamente che il parlare maschile costituisce in fondo la *norma*; e poi; «the female-only group has rarely been investigated. Male speech has simply been studied more than female speech»[59]. L'osservazione della prassi quotidiana dimostra che si viaggia in senso opposto, e che lo studio di alcune variabili linguistiche e dei mutamenti in atto è più accurato se si considerano età e sesso come fattori importanti se non decisivi.

Il comportamento linguistico delle donne è spesso descritto come educato e corretto e specie nella pronuncia le donne tendono ad usare più degli uomini le varianti standard; alcuni linguisti come Lakoff sentenziano una maggiore incertezza nel loro parlare (considerato l'uso frequente di *tag questions* nell'inglese, di pause e intercalari), mentre la produzione linguistica maschile reinforces men's position of strength in the real world»[60]. La morale sarebbe che le donne, incerte nel modo di comunicare, possono avanzare socialmente solo apprendendo un modo di parlare diverso dal proprio.

Ma la volontà di molte indagini sul sessismo è quella di provare la tesi espressa da Cheris Kramer: «Words, phrases, and sentence patterns are not inherently strong or weak. They acquire these attributes only in a particular cultural context. If our society views female speech as inferior, it is because of the subordinate role assigned to women. Our culture is biased to interpret sex differences in favor of men»[61].

Alcuni esempi si possono facilmente ricavare sfogliando un dizionario. Nell'Ottocento vittoriano, per esempio, la parola *woman* non andava mai detta, altrimenti si sarebbe violato un tabù[62]. Le spiegazioni di questa ostilità linguistica sono addebitate ad un'ansia maschile di offuscamento, evitabile coi pregiudizi e gli stereotipi. Uno studio correlativo a proposito è quello di Marjorie Swacker[63], la quale tratta una delle peculiarità più spesso attribuita alle donne: il fatto cioè che siano prolisse, mentre l'uomo è, nell'immaginario comune, l'opposto: conciso, forte, riflessivo. La ricerca comprende 34 partecipanti (17 per ciascuno dei sessi), parlanti lingue caucasiche, e informati di essere coinvolti in una ricerca sul linguaggio descrittivo. Il metodo prevede la registrazione di un'intervista introduttiva sui dati anagrafici, poi la parte centrale consiste nella descrizione di tre illustrazioni in bianco e nero di Albrecht Dürer. Il calcolo degli indici riguarda le tre descrizioni viste nel loro complesso, e poi una in particolare, la seconda.

La media totale significativa è valutata $\alpha = .05$.

Il pattern generale di *verbosità* è il seguente:

Table 1. TOTAL TIMES FOR MALES AND FEMALES

	Male		Female	
	Total Time in Seconds	Standard Deviation	Total Time in Seconds	Standard Deviation
3 Descriptions	780.29	543.56	221.70	177.81
2nd Description	333.41	106.13	96.00	30.94

Una prima deduzione che si può fare dalla correlazione è, che data una disponibilità temporale indefinita, gli uomini del presente gruppo impiegano più tempo delle donne per descrivere le riproduzioni. Altro settore di *disparità* è quello inerente all'uso di *numerali*, con maggiore propensione maschile ad una scelta esatta, definita, mentre le donne ricorrono spesso a espressioni incerte (*about, or, around*). Ora, si crede comunemente che gli uomini siano più precisi di natura, ma la Swacker mette in discussione questa opinione. In realtà ciò che è in questione non è la precisione, bensì la *preoccupazione* tutta maschile di essere precisi, per non divergere da un modello verbale "sex-specific"[64]. L'analisi correlativa che correla linguaggio e sesso aiuta a capire il troppo trascurato funzionamento dei *patterns* linguistici dei due sessi.

Uno studio di D. H. Zimmerman e Candace West propone una correlazione tra la variabile sesso e la distribuzione delle interruzioni, delle pause e dei silenzi durante una conversazione. Si parte dal presupposto che «the distribution of power in the occupational structure, the family division of labor, and other institutional contexts where life chances are determined, has its parallel in the dynamics of everyday interaction» quindi «there are definite and patterned ways in which the power and dominance enjoyed by men in other contexts are exercised in their conversational interaction with women»[65].

La ricerca si propone di investigare l'organizzazione dell'interazione sociale in particolare durante la conversazione, dove ci sono regole elementari da rispettare, come il turno o l'alternanza nel parlare (*turn-taking*). La ricerca comprende 31 registrazioni fatte in luoghi di incontro occasionale all'interno di un'università. Per motivi comparativi, sono state considerate tre combinazioni di conversazione: uomo con donna, uomo con uomo, donna con donna.

La seguente tavola riporta i dati relativi alle sovrapposizioni e alle interruzioni.

Table 1
INTERRUPTIONS AND OVERLAPS IN 20 SAME-SEX
TWO-PARTY CONVERSATIONAL SEGMENTS

	FIRST SPEAKER*	SECOND SPEAKER	TOTAL
INTERRUPTIONS	43% (3)	57% (4)	100% (7)
OVERLAPS	55% (12)	45% (10)	100% (22)

Table 2
INTERRUPTIONS AND OVERLAPS IN 11 CROSS-SEX
TWO-PARTY CONVERSATIONAL SEGMENTS

	MALES	FEMALES	TOTAL
INTERRUPTIONS	96% (46)	4% (2)	100% (48)
OVERLAPS	100% (9)	—	100% (9)

Se ne ricava una asimmetria notevole nel comportamento di uomini e donne, decisamente più corrette e rispettose delle regole conversazionali. Il silenzio fornisce altre informazioni interessanti – la percentuale viene calcolata così: il totale dei secondi e decimi di secondo del meno silenzioso viene diviso per il totale del più silenzioso nella coppia di ugual sesso. La tesi di Zimmerman e West è che le interruzioni e il ritardo degli uomini nel rispondere con segnali di attenzione (minimal responses) alle affermazioni del sesso opposto è spiegabile come «an assertion of the right to control the topic of conversation reminiscent of adult-child conversations where in most instances the child has restricted rights to be listened to»[66] e dunque «men denie equal status to women as conversational partners with respect to rights to the full utilization of their turns and support for the development of topics.»[67]

Nella ricerca del 1968 sulla varietà di British English parlata nel centro urbano di Norwich, Peter Trudgill, esperto del metodo classico laboviano, riscontra una correlazione tra sesso e differenziazione linguistica per ben nove variabili locali. Va quindi seriamente esaminato il peso di questo fattore sociale nella variazione e nel mutamento linguistico.

Una variabile sociolinguistica è (ng), pronunciata a Norwich nelle due varianti [ɪŋ] standard e [ɵ], la prima (ng)-1 valutata 1, la seconda (ng)-2 valutata 2. Si procede alla rispettiva somma e poi divisione per il numero totale delle occorrenze per ottenere il valore medio. Gli indici si ottengono sottraendo 1 dal valore medio e moltiplicando il risultato per 100.

Gli indici vengono calcolati relativamente a quattro stili contestuali:

Word List Style:	WLS
Reading Passage Style:	RPS

Formal Speech: FS
Casual Speech: CS
mentre le cinque classi sociali sono:
Middle Middle Class: MMC
Lower Middle Class: LMC
Upper Working Class: UWC
Middle Working Class: MWC
Lower Working Class: LWC[68]

La tavola degli indici della correlazione tra variabile (ng) e stili contestuali e classi sociali è questa:

| | | Style | | | |
Class	WLS	RPS	FS	CS	N:
MMC	000	000	003	028	6
LMC	000	010	015	042	8
UWC	005	015	074	087	16
MWC	023	044	088	095	22
LWC	029	066	098	100	8

L'indice più alto è quello della *working class* e in special modo quello dei parlanti maschi. È confermato un diverso comportamento linguistico di uomini e donne, correlando la variabile in questione con i fattori: classe, sesso e stile.

Class	Sex	Style			
		WLS	RPS	FS	CS
MMC	M	000	000	004	031
	F	000	000	000	000
LMC	M	000	020	027	017
	F	000	000	003	067
UWC	M	000	018	081	095
	F	011	013	068	077
MWC	M	024	043	091	097
	F	020	046	081	088
LWC	M	060	100	100	100
	F	017	054	097	100

Nel test di autovalutazione di Norwich, il 16% delle donne sopravvaluta la propria produzione di alcune delle variabili sociolinguistiche prese in esame. È risaputo che le donne sono più sensibili alle forme di prestigio, e c'è da cercarne le cause. Ci sono, a detta dell'autore, due possibili spiegazioni: a) la donna occupa posizioni socialmente precarie, spesso subordinate all'uomo, e per questo risulta necessario «to secure and signal their social status linguistically» (in aggiunta al fatto che mentre gli uomini sono giudicati per quello che *fanno*, per le loro azioni, le donne sono valutate per come *appaiono*). La spiegazione b), scelta da Trudgill, ha a che fare con alcune opinioni diffuse e generalizzate sulla *working class*, la quale di solito è pensata come una classe di uomini forti, con elementi di mascolinità evidente – forse per il lavoro fisico svolto. Tuttavia, queste caratteristiche esteriori marcate non sono molto apprezzabili se si manifestano in una donna della stessa classe sociale, ed ecco spiegata la diversità. Il comportamento linguistico degli uomini della working class confermerebbe anche la teoria di Labov sul *covert prestige*: ci sarebbero, cioè, dei valori

positivi attribuiti alle varietà non-standard. Nel test di autovalutazione sull'uso di una variabile di prestigio è spesso ribadita, infatti,
la poca consapevolezza di chi parla, e lo stesso Labov constatava:
«the most of the respondents seemed to perceive their own speech in terms of the norms at which they were aiming rather than
the sound actually produced»[69].

Peter Trudgill riporta tale divergenza ai fattori di variabilità locali, la differenziazione d'uso delle variabili, correlata con fattori
come il sesso e la classe, si può addurre ad una valutazione sociale
positiva della varietà non standard soprattutto presso gli uomini.
La classe operaia di Norwich è, da questo punto di vista, un gruppo dove forte è la coesione e la solidarietà di classe. Un aspetto,
questo, che si riscontra difficilmente negli studi sulla classe operaia statunitense[70].

Le generalizzazioni nel caso di Norwich non valgono per tutte le fasce generazionali. Ci sono situazioni inverse per alcune variabili, che vengono realizzate nella variante non standard anche
dalle adolescenti, e quindi da una fascia generazionale di sesso
non maschile: «Covert prestige, therefore, leads not only to the
differentiation of the linguistic behavior of the sexes, but also to
the exaggeration of certain non-standard features, particularly by
UWC and MWC and by the young, which in turn leads to linguistic change»[71]. A Norwich allora, nel caso di uomini e donne
sotto i 30 anni, le forme non-standard della working class sono
valutate positivamente, e il *covert prestige* favorisce un processo di
mutamento linguistico mosso dal basso – dalle classi inferiori –,
provocando la diffusione e l'aumento degli indici delle variabili
non-standard.

3. 4. RIFERIMENTI DIACRONICI

Le analisi sociolinguistiche nello studio diacronico della lingua sono state stimolate dalle idee di William Labov e Uriel Weinreich, i quali, insieme al linguista Marvin Herzog, avevano esposto la loro proposta metodologica alternativa alle precedenti in un articolo del 1968, *Fondamenti empirici per una teoria del cambiamento linguistico.*

Per sostenere la teoria sociolinguistica, bisogna comprovare l'infondatezza del concetto di "eredità linguistica" cui gli studiosi moderni spesso continuano a rifarsi. L'eredità scomoda cui si fa riferimento non è solo quella saussuriana, ma risale fino ai Neogrammatici e a Hermann Paul in particolare, prescelto dai tre studiosi perché fu il primo a sostenere l'idea di dover concentrare l'analisi sullo studio *individuale* della lingua. Oggetto della critica di Labov, Weinreich ed Herzog sono da un lato alcuni principi a loro avviso inaccettabili, come ad esempio l'*omogeneità* della comunità linguistica, da cui derivano paradossi irrisolti della linguistica saussuriana, dall'altro i contenuti esplicativi, scarsi e poco convincenti, della teoria tradizionale riguardo al *mutamento linguistico*, di come cioè l'apparato metodologico specifico spiega il mutamento, tenendo conto della struttura linguistica ed eventualmente di quella sociale, di come, cioè, il mutamento avviene e si inserisce stabilmente in una varietà.

Hermann Paul

La linguistica storica visse una fase di grande sviluppo nell'Ottocento quando si cercò di affidare la spiegazione del mutamento linguistico a principi fonetici regolari, con le dovute eccezioni (analogia). Questa corrente di pensiero culmina nell'opera di Hermann Paul, sostenitore di un tipo di ricerca che ha per oggetto la lingua del singolo, rappresentativa e di per sé bastante: «Isolando la lingua dell'individuo dall'abito linguistico del gruppo, Paul sviluppò una dicotomia che fu adottata da successive generazioni di linguisti e che [...] è alla radice di tutti i paradossi che nel ventesimo secolo continuano ad affliggere lo studio del cambiamento linguistico»[72]. Se ci si focalizza solo sull'individuo, si crea un'opposizione tra questo e la società: Paul la risolve con l'*abito linguistico*, somma dei vari idioletti, ma si tratta comunque di un concetto vago, arbitrario e secondario, senza struttura poiché quest'ultima è una prerogativa inscindibile ed esclusiva dell'idioletto. Il cambiamento linguistico per Paul è l'effetto di cambiamenti che si sono verificati nell'idioletto, anche se Paul ne riconosce un aspetto sociale quando scrive: «solo attraverso lo scambio della comunicazione (*Verkehr*) viene a crearsi la lingua dell'individuo»[73].

Dominante è comunque in Paul l'idea che il cambiamento linguistico si origina sostanzialmente nell'idioletto e l'individuo ne è inconsapevole. Ora ci si può chiedere «Se il vero ambito del cambiamento linguistico è l'idioletto e se l'idioletto non è in fondo che una rappresentazione psicologica (lo *Sprachgefühl* del parlante), come fanno i parlanti a non accorgersi che essi stanno cambiando i propri idioletti?»[74]. La motivazione risiederebbe nella natura infinitesimale dei cambiamenti, poiché nel controllare l'esecuzione linguistica, secondo Paul, la rappresentazione mentale dei suoni può essere imprecisa e continua e dar spazio a variazioni. Le cause del mutamento sono conciliabili con una facilità d'esecuzione maggiore da un punto di vista fonetico, ma anche con il grado di conformismo degli interlocutori. La modalità di diffusione del cambiamento, poi, segue una curva a forma di *S* - presso una minoranza, cui segue una maggioranza e infine la totalità dei parlanti. Peraltro, i cambiamenti fonetici ad *S* si possono verificare in una sola generazione, non in più generazioni contemporaneamente. Un dato, questo, decisamente smentito dalle ricerche sociolinguistiche sulle diverse fasce generazionali. La lingua di un individuo non è costante nel tempo, al contrario subisce alterazioni fonetiche, lessicali e sintattiche di cui si può essere più o meno consapevoli.

Saussure

Le lezioni della scuola neogrammatica, e di H. Paul in particolare, hanno avuto un certo peso per gli sviluppi della linguistica moderna e per gli insegnamenti di Ferdinand de Saussure, specie per quanto riguarda la tesi dell'individualità della lingua. E sul fenomeno lingua Saussure scrive: «la sincronia non conosce che una prospettiva, quella dei soggetti parlanti, e tutto il suo metodo consiste nel raccogliere le loro testimonianze; per sapere in quale misura una cosa è una realtà, occorrerà e basterà ricercare in quale misura essa esiste per la coscienza dei soggetti»[75].

La dicotomia tra *langue* e *parole* e la definizione della natura omogenea della lingua hanno condizionato teorie e interpretazioni relative al cambiamento linguistico, per cui Saussure finisce per contemplare all'interno di una comunità «l'eterogeneità, non come oggetto di descrizione sistematica, ma come un certo grado di imprecisione che, nell'esecuzione, va pur tollerato»; a questo proposito, Weinreich, Labov e Herzog commentano: «non ci risulta che il Saussure abbia segnato un progresso rispetto al Paul, nel trattare la lingua come un fatto sociale»[76], tra l'altro, il Saussure non potè dimostrare come avvenga il mutamento fonetico, per il semplice motivo che Saussure non poneva la variazione in relazione ad altri fattori esterni (extralinguistici) come fa, invece la sociolinguistica.

Dopo Saussure

Negli Stati Uniti l'interesse all'aspetto sociale ha attraversato l'opera di insigni linguisti come Bloomfield, il quale riconosce il peso del *Cours* e, pur relegando l'attività del linguista nell'astrazione, non manca di comprendere come l'ipotetico accordo entro una comunità sia «ben lontano dalla perfezione, e [...] ognuno usa le forme linguistiche in modo unico»[77], ma Bloomfield si limita a spiegare il cambiamento attraverso il solo meccanismo dell'imitazione, a differenza di Paul e Saussure che ricorrono a teorie sull'equilibrio di forze opposte. E conclude: «I processi stessi sfuggono in gran parte alla nostra osservazione».[78]

Le teorie di Bloch (1948) sull'analisi fonologica hanno legittimato la centralità della lingua individuale, l'idioletto, nella descrizione linguistica. Infatti Bloch sostiene che «L'analisi fonologica di un dato idioletto non può rivelare il sistema fonologico di un idioletto appartenente a un dialetto diverso»[79], tale tesi fu però non molto tempo dopo smentita dalle analisi di Labov, Gumperz e Ferguson.

La linguistica generativa di Chomsky si è integrata anch'essa, in certo modo, nella tradizione, per lo meno quando si fonda su principi antitetici a quelli della sociolinguistica: «La teoria linguistica si occupa propriamente di un parlante-ascoltatore ideale, membro di *una comunità linguistica del tutto omogenea*»[80]. Si nega dunque, come già nella linguistica dell'Ottocento, la possibilità di proiettare la diversità della lingua sul piano teorico.

Nel complesso, sia per Paul che per Saussure «variabilità e sistematicità si escludevano a vicenda. I loro successori, che continuavano a postulare per la lingua una sistematicità sempre più serrata, furono costretti ad arroccarsi nella concezione, alquanto semplicistica, dell'omogeneità dell'idioletto»[81]. Le ipotesi di volta in volta formulate per spiegare la variazione - analogia, slittamenti (Paul), imitazione (Bloomfield), diffusione (teoria delle onde), deriva sintattica, reinterpretazione dei fonemi (Jakobson), o ancora le tesi del Martinet sul «conflitto esistente fra la geometria asimmetrica degli organi della fonazione e un'urgenza economica (probabilmente di ordine psico-fisico) che mira all'utilizzazione simmetrica dei tratti distintivi»[82], sono tutte poco credibili se le si osserva da una prospettiva rigorosamente sociolinguistica. La fonologia generativa, poi, nella variante di Halle, ha separato il rapporto genitore-figlio dalla comunità in questione, proponendolo come modello esplicativo del cambiamento e isolando quest'ultimo anche dal contesto storico. Ma è oramai provato che i figli ristrutturano la grammatica più di una volta, e in questo processo hanno un ruolo decisivo anche persone esterne, come il gruppo dei coetanei (peer group) nel caso degli adolescenti.

Come va concepita e pensata la lingua? Weinreich, Labov ed Herzog intendono innanzitutto la lingua come *sistema differenziato*, in cui è possibile «descrivere sistematicamente la differenziazione»[83] e approntare uno studio che individui gli elementi *variabili* di un sistema preso in esame. Da questa petizione di principio metodologica, la sociolinguistica fa discendere la significazione del *cambiamento linguistico* (il quale, appare scontato, ha due matrici, una linguistica e l'altra sociale), può accadere che presso un gruppo della comunità vari l'esecuzione di un tratto, il quale assume un significato sociale, perché col tempo viene associato a quel determinato gruppo che ne fa uso. Non bisogna naturalmente dimenticare che il cambiamento linguistico procede di pari passo con quello sociale. Esso si generalizza e si inserisce nella struttura linguistica, per essere poi trasmesso come elemento del sistema. Tuttavia, prima che il processo abbia termine, possono intervenire altri fattori, che deviano e condizionano le fasi di sviluppo del cambiamento. Questo potrà dirsi completato quando il tratto in questione, da variabile che era, diventa *costante*, privo cioè delle connotazioni sociali iniziali (tranne nel caso di uno *stereotipo*, vale a dire un tratto linguistico che mantiene nel tempo una caratterizzazione sociale ben precisa).

La lingua può essere anche pensata come *diastema*, compresenza di più dialetti, distinti ma funzionalmente disponibili a un gruppo di parlanti. In un centro urbano, per esempio, la coesistenza di più strati sociali favorisce un tipo di competenza che prevede «l'abilità di decifrare versioni alternate del codice»[84]. Ed ecco i sette assunti su cui Labov e la sua scuola basano i loro fondamenti empirici:

1. il cambiamento linguistico non è una variazione casuale, ma se ne può ricostruire il meccanismo grazie alla *differenziazione ordinata* che questo assume;

2. la struttura comprende la differenziazione dei *parlanti* e degli *stili*, perché ci sono regole anche nella variazione;

3. il cambiamento può avvenire se e solo se la *lingua* è eterogenea e variabile,

4. l'affermarsi del cambiamento richiede un *tempo* indeterminato e coesiste con altri cambiamenti;

5. «Le grammatiche in cui si verifica il cambiamento sono grammatiche della comunità linguistica»[85] e, data la *dimensione sociale* della variabilità, l'idioletto non può essere preso come unità d'analisi;

6. non c'è una continuità fra genitore e figlio nella trasmissione del mutamento, perché questo coinvolge la lingua del singolo oltre l'ambito familiare, visto che l'individuo parla e agisce in una *comunità*;

7. «nello sviluppo del cambiamento linguistico si trovano in stretta correlazione fattori linguistici e sociali»[86].

Una teoria linguistica che non tiene conto di questi elementi, per quanto elaborata, non sarà mai in grado di spiegare la *regolarità* di un cambiamento linguistico. William Labov è stato il sociolinguista più impegnato nel teorizzare e mettere in pratica il metodo sociolinguistico, convinto che i fatti di natura storica possano essere spiegati applicando ad essi i principi empirici usati nella linguistica sincronica.

3. 4. 1. "USARE IL PRESENTE PER SPIEGARE IL PASSATO": IL PRINCIPIO DI UNIFORMITÀ

Quando affronta la questione dell'evoluzione delle lingue, Labov fa appello a principi mutuati dalla biologia e dalla geologia. Egli sottolinea come il principio darwiniano di una selezione naturale delle lingue, in senso progressivo, non può essere sostenuto in linguistica. A suo tempo Darwin aveva considerato il principio selettivo che opera in natura e i meccanismi tramite cui si generalizza un cambiamento linguistico come due fenomeni simili e paralleli. L'idea di fondo è che, come in natura, così anche nelle lingue si imponga la forma più adeguata. Ma la ricerca linguistica non può accettare una simile analogia, che contrasta in primo luogo con la natura arbitraria del segno e, secondariamente, con l'eventualità che in una realtà linguistica «the diversification of language is dysfunctional»[87].

Il sociolinguista americano rifiuta l'idealismo accademico predominante nello studio delle lingue, con Martinet e Chomsky come esponenti paradigmatici, che intende sostenere l'esistenza di una tendenza universale a consolidare e mantenere costante l'omogeneità della comunità linguistica – si propone addirittura di costruire una grammatica con il solo ausilio dell'introspezione. In antitesi con questa tradizione, Labov obietta che nella *lingua c'è solo diversificazione* e si richiama alle riflessioni di Greenberg (1959), il quale spiegò che si può parlare di evoluzione solo in tal senso e non nel senso di un progresso per complessità o adattamento.

La conclusione è, evidentemente, incoraggiante per la sociolinguistica: «I am inclined to believe that the development of linguistic differences has positive value in human cultural evolution - and that cultural pluralism may even be a necessary element in the human extension of biological evolution»[88]. Il linguista dovrà allora soffermarsi sui meccanismi di questa differenziazione, i quali seguono un principio di *uniformità* poiché le forze oggi operanti nel mutamento linguistico sono comparabili a quelle che hanno agito nei secoli passati. Un principio, questo, che Labov riprende dalla geologia.

Un'ipotesi di applicazione delle teorie diacroniche laboviane si riassume nella spiegazione di un fenomeno controverso che ha riguardato l'inglese del XVII secolo e che può spiegarsi alla luce dei risultati ottenuti dal metodo correlativo nelle indagini di Martha's Vineyard e New York City. Nei seguenti versi del XVIII secolo, il poeta presuppone che "great" rimi con "cheat", concordanza oggi improbabile.

"Doubtless the pleasure is as great
in being cheated as to cheat"
(Hudibras)

Il fenomeno in questione riguarda la neutralizzazione della sequenza vocalica scritta *ea*, derivata dalla Ɛ: lunga aperta del medio inglese. Ora, la controversia riguarda la credibilità di una ipotesi secondo la quale l'intera classe di parole con *ea* sarebbe stata neutralizzata con a̱ lunga per un certo periodo, e poi si sarebbe separata di nuovo, cf. la pronuncia di [i:] di *meet, feel*. C'è da spiegare, infatti, l'eccezione di ben cinque parole che sfuggono al comportamento regolare cui sono soggette tutte le altre parole della categoria: *great, break, yea, steak, drain*, la cui vocale è simile a quella di *mate, made* dunque [ei]. Secondo Labov, questa presunta eccezione alla regolarità è illusoria. È possibile spiegare il caso di *ea* con il principio, attivo in inglese, che «*negli spostamenti a catena, la vocale lunga o tesa si alza*»[89], fatto che è stato favorito dalla presenza a Londra di molti individui originari del Sud-Est, dove il processo di innalzamento era cominciato prima. La soluzione proposta da Labov, è che sebbene ci siano prove che documentino l'uso di e̱a ed a̱ lunghe nel Cinquecento, e dunque *mate* e *meat* fossero sentiti come omofoni, non si può concludere che la fusione sia veramente avvenuta, anche se si era andati molto vicino. Esistono delle differenze fonetiche minime, che magari sono impercettibili nell'uso quotidiano.

Da fonti scritte si presume che alla fine del Cinquecento le categorie di *mate* e *meat* avevano la stessa pronuncia vocalica e si opponevano a *meet*, mentre nel Seicento si sarebbe affermato invece il sistema attuale. A questo punto le parole con *ea* sono distinte da quelle in a̱ (cf. i grammatici come Florio) e quelle non seguite da *r* vengono assegnate alla classe di e̱. La linguistica tradizionale riassume tale sviluppo con il seguente schema:

I	II
(XVI sec.)	(XVII sec.)
meet	meet
	meat
meat	
mate	mate

Varie testimonianze provano che i due sistemi erano compresenti nella comunità londinese, con un preciso significato sociale. Londra, come Charmay per Gauchat, era nel Cinquecento un centro dotato di una propria eterogeneità e stratificazione sociale, e teatro ideale, dunque, per occasioni di mutamento stilistico. Wyld e Kökeritz sostengono che una prima neutralizzazione è avvenuta quando il sottosistema I venne importato dall'Essex e dal Kent, dove era già da tempo in atto un processo di innalzamento. Secondo Labov, la neutralizzazione era sì tipica dei parlanti influenzati dal modello di Sud-Est, però coesisteva con esso il modello locale. Accadde, cioè, che i Londinesi potevano uniformarsi a un modello di pronuncia innovativa da opporre al tipo conservatore e aristocratico precedente, ma senza che avvenisse una sostituzione totale. L'inversione della neutralizzazione non è mai avvenuta ed e*a* ancora un secolo dopo (Settecento) poteva avere nell'immaginario comune la pronuncia [i:] , come dimostrano i versi citati.

Ora passiamo alle irregolarità: le vocali inglesi subiscono innalzamento quando sono seguite da /r/ o /l/, mentre la posizione iniziale di *r* sortisce l'effetto opposto. In *great* e *break* troviamo *r* postconsonantica e occlusiva sorda finale, però l'innalzamento è favorito dal gruppo sonoro *gr- dr-* e *br-*. Ecco spiegati i casi di *great, break* e anche *drain*. *Yea* è un caso particolare, anche perché rima con *nay*. *Steak* non ha spiegazioni probabilistiche.

Le differenze fonetiche, magari impercettibili entro una comunità, in realtà esistono, e può accadere che due suoni in un certo periodo non possano essere adoperati per distinguere due parole, come è avvenuto per *mate* e *meat* nel XVI secolo.

NOTE

1 W. Labov, *Sociolinguistic Patterns*, Oxford, Blackwell, 1978, p. XIX.

2 W. Labov, *Soc. Patterns*, **cit.**, p. 278.

3 A. Martinet, *Presentazione*, in: U. Weinreich, *Lingue in contatto*, Torino, Boringheri, 1974, p. XXXIL.

4 U. Weinreich, **op. cit.**, p. 3.

5 Ibidem, p. 7.

6 Ibidem, p. 82.

7 Ibidem, p. 102.

8 Ibidem, p. 146.

9 Ibidem, p. 151.

10 Ibidem, p. 173.

11 P. Trudgill, *Sociolinguistics: An Introduction*, Harmondsworth, England, Penguin Books, 1983, p. 58.

12 W. Labov, *Il continuo e il discreto nel linguaggio*, Roma, Il Mulino, 1975, p. XIX.

13 Ibidem, p. 185.

14 W. Labov, *Soc. Patterns*, **cit.**, p. 187.

15 Ibidem.

16 L. Renzi, Prefazione, in: W. Labov, *Il continuo e il discreto*, **cit.**, p. 11.

17 W. Labov, Soc. Patterns, **cit.** , p. 200.

18 W. Labov, *Il continuo e il discreto*, cit. , p. 162.

19 Ibidem, p. 163.

20 G. Berruto, *Fondamenti di sociolinguistica*, Bari, Laterza, 1995, nota 17, p. 153.

21 W. Labov, *Il continuo e il discreto*, cit. , p. 23.

22 Ibidem, p .28.

23 W. Labov, *Il continuo e il discreto*, cit. , p. 23.

24 Ibidem, p. 35.

25 Ibidem, p. 36.

26 R. A. Hudson, *Sociolinguistica*, Bologna, Il Mulino, 1980, p. 217.

27 W. Labov, *Il continuo e il discreto*, **cit.** , p. 25.

28 W. Labov, *Sociolinguistic patterns*, **cit.** , p. 86.

29 W. Labov, *Soc. Patterns*, , p. 91.

30 Con variabili in questa sede ci si riferisce al concetto specificamente elaborato dal Labov, e non, ovviamente, al senso attribuito dal Belardi e da altri (variabile come variazione libera, assolutamente equipollente).

31 William Labov, *Soc. Patterns*, **cit.** , p. 158.

32 Ibidem, p. 44.

33 Ibidem, p. 45.

34 William Labov, *Soc. Patterns*, **cit.** , p. 271.

35 G. Berruto, *Fondamenti*, **cit.** , p. 174.

36 P. Trudgill, Sociolinguistics: *An Introduction*, Harmondsworth, Penguin Books, 1983, p. 20.

37 W. Labov, *Sociolinguistic Patterns*, **cit.** , p. 4.

38 W. Labov, *Soc. Patterns*, **cit.** , p. 6.

39 Ibidem, p. 11.

40 William Labov, *Soc. Patterns*, **cit.** , p. 18.

41 Ibidem, p. 20.

42 Ibidem, p. 37.

43 W. Labov, *Soc. Patterns*, cit. , p. 50.

44 William Labov, *Language in the Inner City: Studies in the Black English Vernacular*, Oxford, Basil Blackwell, 1977, p. 204.

45 Ibidem, p. XIV.

46 Ibidem, p. 4.

47 Ibidem, p. 245.

48 Ibidem, p. 259.

49 Ibidem, p. 14.

50 Ibidem, p. 15.

51 Ibidem.

52 Ibidem, p. 16.

53 Ibidem, p. 18.

54 Ibidem, p. 32.

55 Ibidem, p. 48.

56 Ibidem, p. 67-68.

57 W. Labov, *Sociolinguistic Patterns*, Oxford, Blackwell, 1978, p. 304.

58 B. Thorne, N. Henley, *Difference and dominance: an overview of language, gender and society*, in: *Language and Sex: Difference and Dominance*, Rowley, Massachusetts, Newbury House Publishers Inc. , 1975, p. 5.

59 Ibidem, p. 9.

60 R. Lakoff, *Language and woman's place*, in: Language in Society, 2, p. 51; cito

da: Language and sex, **cit.** , p. 25.

61 Cheris Kramer, *Folklinguistics Psychology Today*, 8 giugno, in: *Language and sex*, **cit.** , p. 27.

62 Muriel Sculz, *The semantic derogation of woman*, in: *Lan-*

guage and sex, **cit.** , p. 71.

63 Marjorie Swacker, *The sex of the speaker as a sociolinguistic variable*, in: *Language and Sex*, **cit.** .pp. 76-88.

64 Ibidem, p. 82.

65 D. H. Zimmerman, Candace West, *Sex roles, interruptions and silences in conversation*, in: *Language and Sex*, **cit.** , p. 105.

66 Ibidem, p. 124.

67 Ibidem, p. 125.

68 P. Trudgill, *Sex, Covert Prestige, and Linguistic Change* in the Urban British English of Norwich, in: *Language and Sex*, **cit.**

69 W. Labov, *Soc. Patterns*, **cit.** , p. 455.

70 K. B. Mayer, Class and society, New York, Random House, 1955, in: *Language and Sex*, **cit.** , p. 97.

71 Ibidem, p. 101.

72 U. Weinreich, W. Labov, M. Herzog, *Fondamenti empirici per una teoria del cambiamento linguistico*, in: *Nuove tendenze della linguistica storica*, Bologna, Il Mulino, 1977, p. 108.

73 H. Paul, *Prinzipien der Sprachgeschichte*, Halle, Nyemeyer, 1880, in: U. Weinreich, W. Labov, M. Herzog, *Fondamenti empirici*, cit. , p. 112.

74 Ibidem, p.113.

75 F. de Saussure, *Corso di linguistica generale*, Bari, Laterza, 1967, in: U. Weinreich, W. Labov, M. Herzog, *Fondamenti empirici*, cit. , p. 125.

76 U. Weinreich, W. Labov, M. Herzog, *Fondamenti empirici*, cit. , p. 126.

77 L. Bloomfield, *Il linguaggio*, Milano, Il Saggiatore, 1974, p. 86, in: U. Weinreich, W. Labov, M. Herzog, *Fondamenti empirici*, **cit.** , p. 128.

78 Ibidem, p. 129.

79 B. Bloch, *A Set of Postulates for Phonemic Analysis*, in: Language, XXXIV (1948), cit. in: U. Weinreich, W. Labov, M. Herzog, Fondamenti empirici, cit. , p. 129.

80 N. Chomsky, *Aspects of the Theory of Syntax*, Cambridge, Mass., The M.I.T. Press, 1965, citato da: U. Weinreich, W. Labov, M. Herzog, *Fondamenti empirici*, cit. , p. 130.

81 U. Weinreich, W. Labov, M. Herzog, op. cit. , p. 159.

82 U. Weinreich, W. Labov, M. Herzog, op. cit. , p. 150.

83 Ibidem, p. 160.

84 Ibidem, p. 174.

85 Ibidem, p. 201.

86 Ibidem.

87 William Labov, *Soc. Patterns*, **cit.** , p. 274.

88 Ibidem, p. 324.

89 W. Labov, *Il continuo e il discreto*, **cit.** , p. 127.

Capitolo IV

Problemi e prospettive della sociolinguistica

4.1. RISULTATI DELLA RICERCA SOCIOLINGUISTICA

Il periodo più fecondo della sociolinguistica anglo-americana è stato quello del ventennio 1960-'80, quando questa nuova disciplina, per l'ampiezza dei contenuti e delle tematiche trattate, aveva contribuito ad accrescere le aspettative generali riguardo alle applicazioni della sociolinguistica nella risoluzione di determinati problemi, limitatamente ad alcuni settori: nei luoghi deputati al sapere, nella scuola primaria e secondaria (nello specifico, nelle scelte didattiche per l'insegnamento della lingua materna e delle lingue seconde), nella società nel suo complesso, quando si trattava di affrontare problemi di convivenza tra gruppi etnici diversi oppure pianificare scelte linguistiche su grande scala.

Nella sociolinguistica di tipo correlativo si è contraddistinta la scuola variazionista, associata in genere alla dialettologia urbana, la quale si è orientata verso una metodologia che esaminasse l'uso linguistico nei grandi centri industriali cercando, a differenza di quanto aveva fatto la dialettologia tradizionale, di far emergere la differenziazione insita nel parlare quotidiano dei membri di tali comunità, poco esaminate nelle analisi linguistiche proprio a causa delle ampie dimensioni e delle difficoltà di raccolta dei dati. La dialettologia aveva trascurato queste realtà in favore di studi incentrati sulle varietà più arcaiche e conservatrici appartenenti ai centri rurali. Per P. Trudgill e J. Chambers, un grande stimolo a questo genere di studio venne dalla constatazione che «anche gli usi di chi non parla dialetto sono assai differenziati»[1]: fu quindi necessario ampliare il campo d'indagine a comunità linguistiche non rurali, anche perché la quasi totalità della popolazione in Inghilterra, ad esempio, vive oramai in grandi centri, e sarebbe quindi riduttivo riservare le indagini alle poche zone rurali residue, perdendo di vista fenomeni linguistici non meno interessanti.

Sempre negli anni '60 ci fu un grande impegno dei sociolinguisti, volto a definire la situazione linguistica su grande scala, relativo alle varie tipologie di convivenza tra lingue nazionali, dialetti, lingue classiche e varietà in espansione o cadute in disuso. L'analisi ricorreva a formule di tipo matematico o alla individuazione di tipi sociolinguistici, tuttavia, questa attività ha perso col tempo lo slancio iniziale, sia perché queste modalità hanno poco valore predittivo – questione all'epoca ritenuta di essenziale importanza –, sia perché risulta difficile applicare le stesse forme classificatorie a realtà disparate e spesso del tutto irripetibili, per motivi linguistici, politici, storici, economici e di organizzazione sociale. Lo scetticismo riguardante il concetto di *diglossia*, a suo tempo tra i più fortunati, si basa su una sottigliezza distintiva nel definire i rapporti e l'uso contemporaneo di due lingue che contrasta e si oppone al vecchio termine "bilinguismo" (che invece, secondo André Martinet, sarebbe bastato di per sé a ricoprire tutte le situazioni in cui ci sia una combinazione di due lingue presso una stessa comunità)[2]. Secondo Ralph Fasold, la classificazione sociolinguistica potrà risultare utile nella descrizione di società multilingue solo nel momento in cui si converrà su una identificazione precisa delle caratteristiche sociolinguistiche di cui le lingue devono essere dotate e delle funzioni principali che devono assolvere in una comunità; solo allora si potrà prevedere con maggiori probabilità di successo il futuro di una lingua, se, cioè, avrà delle possibilità d'uso nella scuola, nella comunicazione o in altri settori[3].

La sociolinguistica ha messo in luce come alcuni aspetti comportamentali dei parlanti, e in particolare le valutazioni positive o negative in base alla pronuncia e alle realizzazioni linguistiche in genere, possano avere un ruolo importante per l'uso di varietà linguistiche in contesti specifici. Nel campo della pianificazione linguistica, questa disciplina ha sottolineato la necessità di includere fattori extralinguistici nel calcolo dei costi e dei benefici di un progetto che preveda la scelta di una lingua nazionale. Il grado di accettabilità di una lingua presso un gruppo di parlanti, il valore intrinseco ad essa associato, la possibilità di identificarsi con essa, sono tutti argomenti che gli studi sociolinguistici non mancano di trattare. Così il fallimento di un piano di bilinguismo mosso dall'alto, progettato cioè secondo parametri e scelte fatte da organi politici, può essere ben spiegato da un punto di vista sociolinguistico. Un esempio può essere quello della repubblica irlandese, dove la diminuzione d'uso del gaelico, la lingua nazionale, è attestata ormai da decenni, nonostante una politica volta a incentivare l'uso e la conservazione della lingua locale, privilegiandola rispetto all'inglese, per esempio con aiuti economici per gli studenti che scelgono il gaelico come prima lingua nel percorso scolastico. La pianificazione linguistica in Irlanda fu favorita dall'esistenza di forme scritte della lingua e delle tradizioni locali: c'erano grammatiche e dizionari cui far riferimento. Tuttavia, lo sforzo che si è compiuto tra gli anni Trenta e Sessanta non è servito a incrementare l'uso dell'irlandese a livello nazionale. Secondo R. Fasold, una causa rilevante potrebbe essere stata la mancata adozione della varietà locale in parlamento, nel commercio e nell'amministrazione, dove è sì richiesta la conoscenza della lingua nazionale, ma nella pratica si preferisce ricorrere all'inglese. La popolazione non ha visto un riconoscimento della lingua nazionale nei luoghi rappresentativi per eccellenza. L'aver puntato molto sull'uso della lingua nelle scuole ha favorito da un verso la conoscenza di questa nelle fasce generazionali più giovani, e dall'altro una diminuzione nell'uso in età adulta, poiché nell'ambiente lavorativo si preferisce usare l'inglese. Il fallimento del programma nazionale è attribuibile, da una prospettiva sociolinguistica, all'incompiuta conciliazione della funzione simbolica – in sostanza, del fatto che la lingua nazionale dovrebbe rappresentare il binomio di popolo e nazione –, e della funzione comunicativa, cioè l'uso effettivo della lingua in contesti diversi[4].

Le critiche alla sociolinguistica e, in particolare, al metodo correlativo, si sono concentrate sia sull'impostazione delle tecniche e degli strumenti d'analisi, sia sulla natura probabilistica della teoria correlativa. Le obiezioni maggiori si concentrano sull'uso di regole variabili per descrivere una varietà, in un'analisi nella quale non vale più il concetto aristotelico di "categoria" per definire i confini linguistici, visto che si attribuisce grande rilievo ai concetti di continuità e gradualità tra i tratti di regole. Allora, ci si chiede, come si costruisce una grammatica basata su dati sociolinguistici? Sembra difatti difficile, anche per esigenze d'economia, descrivere tutte le varietà linguistiche, una volta apprese, gestirle adeguatamente per compilare delle grammatiche sulle regole variabili, che troverebbero posto accanto alle regole obbligatorie di una lingua. Altre discussioni vertono sull'affidabilità di calcoli e dati statistici per stabilire che un dato può essere considerato "significativo", su quanto sia credibile l'analisi in base ai cosiddetti stili contestuali, nella versione proposta da Labov, e infine su come trattare la categoria *classe sociale*, visto che i parametri per definire l'appartenenza a un ceto sociale proposti da molti sociolinguisti sono discutibili perché piuttosto generici. La proposta correlativa, curando la correlazione di fatti linguistici con fattori come età, sesso, classe sociale, è stata accusata di attuare uno studio sociale del linguaggio decontestualizzato, tralasciando altri aspetti ritenuti ugualmente importanti che hanno a che fare col comportamento non verbale e con l'atteggiamento dei parlanti rispetto alla lingua in situazioni concrete. D'altronde, questo metodo non sembrerebbe immune dal condizionamento dovuto alla presenza, evidente al parlante, del linguista durante l'intervista, nonostante accorgimenti e stratagemmi per superare questo limite.

Nella storia recente di questa disciplina, le difficoltà e le critiche hanno fatto maturare un ripensamento nel settore, in particolare per quanto riguarda i metodi. Nello specifico, si è proposta, come via alternativa alla vecchia distinzione tra metodo correlativo e metodo interazionale un'integrazione dei due sistemi di analisi. Appare senz'altro evidente la presenza di una prospettiva etnocentrica nel modello correlativo, dove il modello di stratificazione sociale preso in considerazione è quello specifico della società anglo-americana: come applicare la stessa classificazione a società diversamente strutturate, per motivi economici, politici e culturali, oltre che linguistici, per esempio in società esotiche? La sociolinguistica correlativa può riguardare solo un tipo di società? Le sue generalizzazioni valgono per qualsiasi realtà? Infine, se l'esistenza di una comunità linguistica si stabilisce a posteriori, quali sono i criteri pertinenti per individuarla?

Permangono, inoltre, molte perplessità sulla proposta laboviana di usare il presente per spiegare il passato, e risulta difficile spiegare fatti di natura linguistica avvenuti in un contesto sociale del passato basandosi su realtà presenti, talora diametralmente opposte da un punto di vista storico: come individuare una *upper middle class* nella società medievale o nel mondo greco-romano?[5]. Questi, nel complesso, sono i quesiti coinvolti ove si voglia attuare una visione critica d'insieme riguardo alla sociolinguistica, specie correlativa.

4. 2. UNA PROPOSTA DI INTEGRAZIONE METODOLOGICA

Un esempio di integrazione del metodo correlativo e del metodo interazionale è l'indagine condotta da Lesley Milroy a Belfast tra il 1975 e il 1977. Sulla base di fondati dubbi riguardo alla compatibilità del modello di stratificazione laboviano classico con la realtà specifica di questa città dell'Irlanda del Nord, all'epoca lacerata da disordini interni, la ricerca affronta l'analisi della varietà locale di inglese correlando i dati linguistici con i cosiddetti reticolati sociali (*social networks*), un concetto particolarmente usato in ambito etnografico.

Questa ricerca diverge dal modello laboviano classico, in quanto l'indagine coinvolge un numero ristretto di soggetti, e la Milroy ricorre a una correlazione, fondamentale ai fini dei risultati e della loro interpretazione, tra variabili – la cui occorrenza non sia casuale – e grado di integrazione dei soggetti del campione all'interno di tre raggruppamenti principali, residenti in tre diverse zone della città (Clonard, Hammer e Ballymacarrett). Gli individui coinvolti nella ricerca sono collocabili in una fascia di ceto basso, fuori dalla struttura proletaria classica (alti sono gli indici di disoccupazione, la microcriminalità, i casi di morte prematura). Escluso allora l'usuale modello di stratificazione sociale, si preferì il concetto di *reticolato sociale*. Con tale locuzione si indicano i rapporti che intercorrono tra un singolo soggetto e altri individui coinvolti nell'indagine; come dimostrano gli studi etnografici, si ha ampia testimonianza di come il senso di solidarietà di gruppo possa essere più o meno forte in base alla frequenza o alla densità dei contatti sociali. Ci sono dei legami originati da una catena di scambio di favori, di beni materiali, di obblighi, ma anche in base a rapporti di parentela, amicizia, vicinato, semplice conoscenza. La densità dei reticolati e la molteplicità dei fattori che ne sono all'origine, sono tipici di gruppi sociali molto coesi, dove hanno un ruolo fondamentale, anche a livello affettivo, il senso di identità, di appartenenza e solidarietà verso la collettività. Per L. Milroy «knowledge of personal network structures [...] permits an understanding of the manner in which the solidarity factor may influence linguistic behaviour of *individuals*, regardless of the social status variable»[6]. La conclusione di questa prospettiva metodologica nella ricerca della Milroy è che più densa è la struttura del reticolato sociale di un soggetto, più alta sarà la frequenza d'uso delle variabili dialettali locali. Una pronuncia specifica può essere intesa come segno di lealtà verso un gruppo di persone. Reticolati sociali poco densi tendono a favorire instabilità linguistica, e quindi incentivano i meccanismi del mutamento linguistico.

Lo studio etnografico del linguaggio ha permesso di giungere a importanti conclusioni sul valore sociale di una varietà all'interno di una stessa comunità, per cui la valutazione può variare da un gruppo di individui ad un altro – dove per "gruppo" non si può intendere la categoria astratta di "classe sociale", il cui maggior limite è proprio quello di proporre un modello d'analisi relativo a una società specifica.

L'impegno metodologico in sociolinguistica dovrebbe invece essere rivolto all'elaborazione di metodi applicabili a qualsiasi società, vale a dire universali.

Due aspetti importanti in una ricerca sul campo, secondo L. Milroy, saranno dunque: il grado di familiarità che si stabilisce col gruppo investigato e il fattore *situazione*: «exact specification of which code is used by whom to whom may be quite as important as quantifying overall usage, as Labov does»[7]. Così, per ottenere dati attendibili nelle ricerche sociolinguistiche, è preferibile instaurare un rapporto piuttosto confidenziale e informale, evitando di porsi in modo tale da far emergere presso il campione degli intervistati atteggiamenti di estraneità e diffidenza nei confronti del linguista. A tal fine, è necessario tener conto di aspetti contestuali relativi al modo in cui avviene l'interazione presso i gruppi in questione. Per esempio, conoscere l'uso di quella che Malinowski definisce *comunione fatica*, vale a dire conversazioni instaurate per evitare e colmare silenzi imbarazzanti, che potrebbero esprimere ostilità (gli argomenti meteorologici sono prediletti dagli Inglesi a questo fine). A questo proposito, la Milroy nota che i gruppi di Belfast ricorrono in misura piuttosto ridotta a questa forma di comunicazione, anzi accade spesso che, durante una visita, non ci siano dialoghi di questo tipo; questo tuttavia non significa affatto che il visitatore sia sgradito o inappropriato alla situazione. Altro aspetto importante è la vicinanza fisica dei parlanti: a Belfast le donne conversano o siedono l'una accanto all'altra con le braccia incrociate quando non ci sono tra loro rapporti confidenziali. Anche il luogo di incontro (*setting*) può esprimere un certo grado di familiarità: molte interazioni avvengono in cucina, gli amici e i vicini possono entrare in casa senza preavviso o limiti temporali.

Una ragione addotta dalla ricercatrice per ridimensionare l'uso della distinzione laboviana tra "produzione formale" e "produzione spontanea", seguendo una gradualità che è massima nella lettura, è che in realtà molti parlanti di Belfast hanno dimostrato di non essere capaci di identificare la variabile corretta isolata da un contesto; questo sta a significare che non sempre la lettura fa emergere le forme più corrette. Le divergenze d'uso possono essere colte se si considerano vari aspetti della conversazione, che mutano in relazione alle regole di interazione; d'altronde, scrive la Milroy, «a fully competent member of a speech community also needs to know how, when and where to speak»[8].

Alcuni esempi portati dalla studiosa sono ricavati dalla registrazione di un'intervista e di conversazioni cui assiste la ricercatrice. L'intervista segue un modello classico di alternanza di domanda e risposta; le conversazioni, invece, hanno uno schema meno rigido, ed è evidente anche l'uso di toni di voce alti e bassi per rendere il racconto drammatico (forme narrative) o per fare dell'ironia. Il repertorio linguistico di un parlante, secondo L. Milroy, difficilmente emerge in una intervista nello stesso modo in cui si manifesta in un discorso spontaneo.

Ecco un esempio di uno scambio di battute durante un'intervista:

"FW (fieldworker):   /well could you tell me/first
of all you say you were born
here/could you tell me where
you were born/

I (informant):   ..uh../Parker Street in East Belfast/»[9].

Esempio di conversazione spontanea (B sta a indicare la madre di S, al momento sono presenti quattro amici della bambina, oltre alla ricercatrice la quale, attraverso l'analisi del tono della voce e del comportamento verbale complessivo dei presenti, capisce che si sta facendo dell'ironia sulle modalità di trasferimento della famiglia):

«B: / I got this house 'cos they were
pulling the bungalows down/   Quiet
S: /ah but they didn't move us from
out of there/ so they didn't/   Louder
we came off our own bat/
B: ah we moved ourselves/   Quiet
S: squatted/ we squatted/   Very loud
B: we did not indeed squatted/   Very loud
[...]
S: / *when you* first came here you
were a squatter/ 'cos I remember/
I had to climb over the yard
wall and all/   Boys laugh
B: /alright we had to get in that
way/ [...][10]»

4. 3. LA SOCIOLINGUISTICA E L'EDUCAZIONE SCOLASTICA

Quando la sociolinguistica si è preoccupata di individuare le cause dell'insuccesso scolastico di alcuni alunni, sono emersi, in ordine cronologico, due orientamenti opposti: prima quello del *deficit* linguistico, che fa appello alle teorie di Basil Bernstein, e poi quello dell'analisi della *differenza*. Dagli anni Sessanta in poi, lo scopo dell'azione congiunta di linguisti, sociologi, psicologi dell'educazione, fu quello di trovare un rimedio ai limiti oggettivi del sistema educativo in Gran Bretagna e negli Stati Uniti, soprattutto una volta constatato che le lacune di alcuni alunni, invece di essere colmate, aumentavano nella scuola superiore; inoltre, un numero crescente di studenti del ceto basso finiva per abbandonare gli studi. La serietà del problema non andava sottovalutata, anche perché alcuni studenti non facevano progressi significativi in una delle abilità linguistiche di base, la lettura. La questione offrì spunti per ripensare metodi e tecniche di insegnamento, visto che in società come quella anglo-americana il grado di scolarizzazione incide oramai nelle scelte di vita, nel determinare il ceto sociale e le probabilità di riuscita dell'individuo. La povertà sociale del ceto basso meno abbiente venne messa in relazione con il grado di istruzione raggiunto dai suoi componenti, evidenziando la natura binaria del problema, nella sua dimensione sociale e linguistica.

La complessità del dibattito che sorse intorno alla questione *linguaggio* e *povertà* rese evidente il fatto che questo argomento comportasse anche riflessioni sullo sviluppo cognitivo e sulla socializzazione dell'individuo, sul rapporto fra linguaggio e struttura sociale – come per esempio l'uso linguistico possa favorire un gruppo di individui rispetto ad un altro –; dall'altro canto, si presentava necessaria anche, "a monte", una valutazione del rapporto tra linguaggio e pensiero, se cioè l'uso linguistico nei test sia valutabile o meno come una prova d'intelligenza e se ci sia una coordinazione dei due processi nello sviluppo cognitivo del bambino.

Molti studi furono promossi per affrontare adeguatamente questa problematica sociale, e si sottolineò la tendenza del fenomeno a produrre svantaggi nell'arco di un'intera esistenza: la povertà si riflette nelle condizioni di vita, e nella crescita dei singoli, specie nell'ambito dell'istruzione, si manifestano effetti anche nelle scelte professionali, si restringono le opportunità e i settori di inserimento nel campo lavorativo, si torna, o meglio, si resta nella situazione di povertà da cui si proviene senza aver trovato vie d'uscita[11].

Il dibattito intorno a questo tema ha naturalmente suscitato reazioni pro o contro le diverse teorie, l'accusa nei confronti dei teorici dell'ipotesi del *deficit* è di propugnare una teoria dello stato borghese, perché si offrono spiegazioni le quali, in modo implicito, pongono l'enfasi su una presunta superiorità linguistica del ceto medio borghese. Tuttavia, anche i teorici dell'ipotesi della *differenza* non sono stati risparmiati dalle critiche, perché, se da una parte riconoscono le diversità come un arricchimento, dall'altra sostengono la necessità di creare occasioni di mobilità sociale, ma questo significa, argomentano gli scettici, mantenere un sistema sociale stratificato, in sostanza coincidente con quello attuale, affinché chiunque possa realizzare le proprie aspirazioni sociali ed economiche, se provvisto di capacità adeguate.

Per ovviare alla povertà e alle condizioni precarie in cui vivevano molti alunni, si ritenne necessario ricorrere a proposte alternative all'interno del sistema scolastico. Il perno delle discussioni era il seguente: «the system is unable to teach the child to read, but very quickly teaches him to regard himself as intellectually inadequate, and therefore, of low self-worth and low social value»[12] F. Williams sottolinea come le manifestazioni linguistiche interpersonali siano parte di dinamiche che riguardano la società: esiste una correlazione tra l'atteggiamento di chi parla e di chi ascolta, atteggiamento che può incidere nelle opinioni e nelle valutazioni personali, le quali a loro volta incidono nel modificare o mantenere un assetto sociale dato[13]. L'ideale sarebbe poter rimuovere il pregiudizio presso chi si pone negativamente nei confronti di una persona *diversa* per origini, costumi, lingua, istruzione e classe sociale.

Certamente in ogni società ci sono modelli, stereotipi, luoghi comuni, cui inevitabilmente un bambino fa più o meno riferimento durante la crescita; in origine l'obiettivo è l'integrazione entro quella società. La situazione si complica dal momento che le condizioni di vita non sono uguali per tutti. Nel momento in cui un bambino entra a far parte di una classe, emergeranno inevitabilmente delle differenze, ma, scrive Catherine E. Snow, le ricerche sociolinguistiche dimostrano che «disadvantaged children can use language in all the ways that middle-class children can. It is just that they do not use language in some of these ways as often»[14], l'origine di una carenza risiederebbe semmai nell'esperienza e nella conoscenza che il bambino ha del mondo e non nel linguaggio e nelle capacità con tale situazione connesse. D'altra parte «every society produces children with a set of skills valued by that society»[15], è quando si evidenzia come alcuni soggetti di una classe sociale (specie del ceto medio-alto) si conformino più facilmente e velocemente, rispetto ad altri, a modelli di comportamento valutati positivamente che, a loro volta, accentuano le differenze. Il ruolo dell'insegnante sarà quello di stimolare gli studenti a sviluppare una competenza linguistica (inerente alla forma del linguaggio) e una sociolinguistica, il cui scopo principale, secondo R. Shuy e J. Staton, è «to get things done»[16].

La reazione di molti studiosi ai vecchi metodi "compensativi" è scaturita dalla constatazione di un grave errore di fondo, quello cioè di ritenere intellettualmente inferiori gli studenti di un determinato ceto. E qui le voci degli studiosi coinvolti divergono di molto, perché proprio a proposito della condizione degli adolescenti di colore, per esempio, si vide da una parte la presa di posizione di molti psicologi dell'educazione che facevano appello ai test di intelligenza tradizionali, dall'altra molti linguisti che si opponevano a queste forme di valutazione perché le ritenevano inadeguate, sostenendo che si commetteva un grave errore nel far coincidere completamente capacità linguistiche e intellettive, con un giudizio di inferiorità intellettiva applicato a un adolescente della working class che non si esprimeva secondo il modello linguistico della middle class.

Altro fattore tradizionalmente poco considerato da molte analisi fatte in contesti formali è quello dell'*età* di chi esamina gli studenti. Courtney Cazden critica i metodi di comunicazione adottati dalla maggior parte degli insegnanti perché mancano di una considerazione completa della situazione contestuale in cui si parla: è ovvio che esistono più modi di parlare, e bisogna tenerne conto. È naturale anche che gli studenti adottino modi di parlare diversi in base alla persona che hanno di fronte, e l'età può essere percepita come *distanza* e quindi condizionare le realizzazioni di un bambino che può sentirsi poco preparato per affrontare la situazione quando interagisce con un adulto piuttosto che con un suo coetaneo[17].

Mentre si discuteva intorno alle misure e ai provvedimenti da adottare, la sociolinguistica, specie funzionale, ha predisposto una teoria basata sul concetto di *competenza comunicativa* proposto da Dell Hymes, e rivolta a una visione contestualizzata del linguaggio. D'altro canto gli studi effettuati in linea con l'*approccio funzionale* e, in particolare, l'idea che l'apprendimento linguistico debba proporsi come obiettivo lo sviluppo della competenza comunicativa del parlante in situazioni e contesti specifici, ha limitato l'uso tassativo del metodo didattico classico di tipo esclusivamente categoriale e grammaticale, ha favorito l'affermazione di nuove didattiche e la compilazione di manuali ispirati al cosiddetto "approccio comunicativo".

4. 4. LA SOCIOLINGUISTICA E LA DIDATTICA DI UNA SECONDA LINGUA

Nel settore della didattica delle lingue seconde le ricerche e le teorie sociolinguistiche hanno dato importanti indicazioni per il rinnovamento di metodi e tecniche d'insegnamento da praticare nelle aule. Gli anni decisivi in tal senso sono stati gli anni Sessanta, quando la svolta glottodidattica è scaturita da una critica interna sempre più crescente ai metodi allora in voga, in particolare al metodo audio-orale (di matrice comportamentista, tale metodo sosteneva che lo studio della lingua straniera si dovesse svolgere per imitazione e induzione).

Un supporto autorevole al cambio di prospettive venne certamente da Noam Chomsky e dalla sua teoria cognitiva. Dal momento che Chomsky sosteneva l'esistenza di una facoltà linguistica innata e universale, si configurava la possibilità che anche nel caso di una seconda lingua un meccanismo simile potesse essere messo in funzione da una sorta di *riedizione*, parziale, del processo di acquisizione linguistica. Vennero allora mosse numerose critiche all'analisi contrastiva, che era basata sul confronto programmatico delle strutture di due lingue per prevedere, e quindi prevenire, errori ed interferenze nel processo di apprendimento della lingua seconda. Come scrive R. Di Pietro «le formulazioni contrastive enunciano come la lingua di partenza interferisce nella produzione di frasi della lingua d'arrivo, o inversamente, come si può modificare la lingua di partenza in modo che essa permetta la produzione di frasi nella lingua d'arrivo»[18], molti studiosi, tuttavia, ritenevano oramai superata, e di dubbia utilità ai fini educativi, una comparazione fra la lingua di partenza e la lingua d'arrivo (target). Le ricerche si inoltrarono nel sentiero, allora pressocché inesplorato, di una ipotetica ripetizione del processo di acquisizione, grazie anche agli spunti dati dalla linguistica generativo-trasformazionale. Il merito delle teorie linguistiche chomskiane, insieme allo studio dello sviluppo delle capacità cognitive portato avanti dalla psicologia di Piaget, è stato proprio quello di aiutare a scoprire la centralità del discente nei processi di apprendimento.

Nel frattempo la sociolinguistica approfondiva le sue conoscenze sull'uso quotidiano del linguaggio, proponeva una visione relativista della lingua, riabilitava *varietà* di basso prestigio. L'aver opposto, poi, una *competenza comunicativa* a una puramente *linguistica*, secondo l'insegnamento di Dell Hymes, ha aperto nuove prospettive di riflessione, che si pongono essenzialmente alcune domande di fondo: *quale* lingua bisogna insegnare, a chi, e per quale scopo.

I risultati di un ventennio di ricerche su queste problematiche didattiche hanno ribaltato posizioni un tempo ritenute canoniche, aprendo una fase di vera e propria rivoluzione di programmi e testi riguardanti la seconda lingua. Alla luce di ricerche sul bilinguismo di un'intero ventennio, H. Duley, M. Burt e S. Krashen (1985) hanno costruito una versione estrema della cosiddetta ipotesi dell'*identità*: la loro teoria parte dalla considerazione di meccanismi interni di elaborazione, che si esprimerebbero nel controllo esercitato dallo studente nel processo in fieri. Bisognerà inoltre tener conto dei fattori ambientali, – vale a dire esposizione naturale o formale alla lingua, relazioni di ruolo e modelli, presenza o meno di referenti concreti nel contesto di apprendimento, correzioni e feedback da parte dell'insegnante. Il controllo dello studente si esercita, secondo gli autori, sia in forma consapevole, attraverso il cosiddetto *monitor*, sia in forma inconsapevole, attraverso l'*organizzatore*. C'è poi il ruolo, non marginale, del *filtro affettivo*, a proposito del quale gli autori scrivono: gli studi condotti finora suggeriscono che *i fattori attitudinali e motivazionali sono più importanti per il conseguimento delle abilità comunicative con risultati positivi in una seconda lingua che la consapevolezza metalinguistica*»[19], bisognerà dunque ripensare anche al ruolo della grammatica. Ci sarà infine da valutare e conoscere quale tipo di motivazione stia alla base dell'apprendimento, se, cioè, l'intenzione è di integrarsi in un gruppo sociale definito (motivazione integrativa) oppure usare la lingua per determinanti scopi, a fini lavorativi o per un breve soggiorno, per esempio (motivazione strumentale).

Dovendo tener conto di questi molteplici fattori, si suggerisce all'insegnante di dimostrare una maggiore tolleranza verso gli errori, prestando più attenzione al contenuto che alla forma; le spiegazioni inerenti alla struttura grammaticale saranno organizzate in base alle esigenze e alla curiosità di chi sta di fronte (sembra accertato che gli adulti siano più interessati a questo aspetto rispetto ai bambini). Comunque, è posta con enfasi l'idea che non si debba «*far riferimento alla L dello studente quando si insegna la L2. La seconda lingua è un sistema linguistico nuovo e indipendente*»[20]. Resta allora sempre aperta la questione di come organizzare un programma adeguato per insegnare a usare effettivamente una seconda lingua e mettere a frutto anni di studio scolastico di una lingua straniera. Per il linguista inglese D. Wilkins, l'innovazione operata nel campo dell'insegnamento di una seconda lingua è stata resa possibile dal riconoscimento che «lo scopo primo dell'apprendimento è per tutti quello di stabilire una possibilità di comunicazione nella lingua straniera»[21]. Allora, da questa prospettiva, l'insegnante non dovrà più preoccuparsi di insegnare al discente la *langue*, bensì dovrà chiedersi: «A quali atti di lingua dovrà partecipare?», dal momento che la lingua «è un'attività sociale e, poiché esistono vari tipi di lingua, la scelta di uno di essi dipenderà dalla funzione sociale per cui intendiamo utilizzarla, nonché dai nostri interessi personali»[22]. Né si può mancare di considerare, secondo l'insegnamento della sociolinguistica, anche fattori extralinguistici, come l'età, la motivazione ad apprendere, le attitudini individuali, che possono avere un ruolo decisivo in questo processo acquisizionale.

Negli anni Settanta sempre D. Wilkins fu l'autore di un modello di insegnamento della L molto interessante, poiché fornì, in *Notional Syllabuses* (1976), coordinate e parametri per l'impostazione di programmi nozional-funzionali, orientati sul contenuto. Un approccio grammaticale e sintetico, basato su una costruzione progressiva della competenza linguistica, non può dare allo studente la quantità di informazioni necessarie, né tanto meno prepararlo ad affrontare situazioni d'uso reale della lingua, perché un enunciato grammaticalmente corretto può mancare di quella che il Wilkins definisce "pertinenza situazionale"[23], può cioè essere invalidato dalla situazione. Allora bisognerà optare per un corso di lingua in cui «il contenuto linguistico è programmato a seconda delle esigenze semantiche dell'allievo»[24], e impostarlo in base a concetti e funzioni. Il Wilkins propone una distinzione tra categorie "semantico-grammaticali" (di tempo – e quindi durata, frequenza, relazioni temporali, successione – quantità, spazio); categorie di "significato modale" (che stanno a esprimere certezza, possibilità, dubbio, impegno, obbligo, intenzione); e infine categorie della "funzione comunicativa", vale a dire una tassonomia di ciò che noi facciamo con la lingua (esprimere giudizi e valutazioni, persuadere qualcuno a fare qualcosa, scambiare opinioni, chiedere informazioni o esporre razionalmente un'idea, esprimere emozioni). Si tratta di un'applicazione alla didattica delle teorie sugli *atti linguistici*.

Un programma nozionale applicato sarà di tipo ciclico, volto a espandere gradualmente il repertorio di concetti e funzioni. L'applicazione di un modello nozionale presuppone la scelta dei contenuti e l'orientamento del corso in base alla disponibilità di tempo del discente (poche settimane o un anno intero) e all'individuazione degli obiettivi (uso specialistico, uso comunicativo). Non va trascurata la "competenza ricettiva", perché un discente avrà anche l'esigenza di capire ciò che gli viene detto. Nel complesso, l'applicazione di un programma nozionale contiene in sé difficoltà diverse, alcune categorie si sovrappongono, e la compilazione di testi d'uso ha di rado realizzato e applicato la proposta di Wilkins.

In conclusione, il fermento innovativo in questo settore si è intrecciato a una svolta significativa nel campo didattico, l'insistenza, cioè, nel proporre una visione più complessiva della produzione dello studente. Se, fino a poco tempo fa, a essere valutata era solamente la correttezza formale della produzione scritta e orale, nei dibattiti tuttora aperti si riconosce la necessità di alternative metodologiche che tengano conto della capacità dello studente di esprimere concetti e adoperare la lingua seconda in base a un suo uso funzionale, appropriato al contesto, rispondente a un uso intenzionale della lingua stessa. Per accertare la competenza comunicativa di uno studente, si partirà dalla constatazione basilare che «un parlante all'interno di una comunità linguistica è tale se possiede non solo la capacità di produrre messaggi (competenza linguistica), ma anche la capacità di interagire con altri parlanti» e proverà di saper usare conoscenze di tipo extralinguistico, «adeguando il messaggio al contesto. Diventa significativo il concetto di *appropriatezza* del messaggio»[25].

Molto resta ancora da fare per approfondire le conoscenze sulla modalità di apprendimento linguistico di una seconda lingua e per modificare atteggiamenti diffusi tra gli insegnanti e inerenti all'insegnamento; fondamentale è l'aver messo in luce, da una prospettiva pedagogica e sociolinguistica, il ruolo di chi, come l'alunno, partecipa a questo processo, anzi ne è protagonista, e aver coinvolto nell'analisi aspetti extralinguistici che non sono affatto marginali nei momenti di comunicazione concreta.

4. 5. SCAMBI CONVERSAZIONALI E RELAZIONI DI RUOLO

Il ruolo di chi partecipa a un evento linguistico può variare in base a relazioni interpersonali e fattori di natura extralinguistica che contribuiscono a modificare la configurazione di una interazione e la sua efficacia ai fini della comunicazione. Lo studio di unità superiori all'enunciato come *l'analisi del discorso* ha avuto come obiettivo quello di trovare un ordine e una struttura sottostanti al caos apparente che sembra regnare nella conversazione quotidiana. Così F. Orletti sostiene che «l'adozione di una unità funzionale come unità minima, l'atto linguistico, ha come conseguenza il ricondurre tutti i comportamenti che costituiscono la conversazione ad attività intenzionali, volte a realizzare scopi comunicativi»[26] manca, nel contempo, una considerazione degli atti linguistici non intenzionali, realizzati del tutto casualmente all'interno di una interazione, ma non per questo non degni di attenzione. Il ricorso alle *glosse*[27], formulazioni e commenti di tipo metacomunicativo sull'interazione in corso, ha un ordine sequenziale ben preciso (una coppia definita adiacente), e può significare la necessità da parte del parlante di ottenere conferme riguardo alla propria identità sociale (per esempio tramite espressioni del tipo: «A: Lei non sa a chi sta parlando. B: Lo so benissimo, invece. Per questo parlo così», «A: Lei sta parlando a una signora. B: Davvero?»[28], oppure formulando domande volte ad accentuare la disparità fra gli interlocutori: «Chi è che comanda qui? Chi porta i pantaloni?»[29]). Infatti, «la costruzione dell'identità sociale non è un processo che l'individuo può sviluppare in maniera autonoma senza tener conto del riconoscimento da parte degli altri e delle conferme che gli vengono dall'interazione»[30]. A questo proposito, l'osservazione di "episodi" verbali tra bambini nella fase prelinguistica (prima dei 12 mesi) e genitori ha evidenziato come questo processo sia in atto sin dalle primissime interazioni fra bambino e adulto, dove permane naturalmente una forte asimmetria visto che la regia di tipo unidirezionale di questi scambi è diretta dall'adulto. Quest'ultimo fa sì che «il comportamento del bambino viene ad essere *modellato* dalle intenzioni che l'adulto gli attribuisce, e acquista significato solo all'interno del processo di interazione e a partire da esso»[31].

La ricerca conversazionale si occupa dunque della frammentarietà apparente del discorso e del comportamento verbale, aspetto che non ne pregiudica l'analisi; bisogna anzi ricordare che «ogni volta che noi parliamo stabiliamo una sorta di patto implicito di cooperazione con l'ascoltatore, che ci permette, tenendo conto di quanto egli già sa o delle inferenze che egli può trarre sulla base di quanto viene detto, di comunicare molto di più di quanto non venga realmente espresso»[32]. Le conoscenze che ci aiutano a capire il contenuto di uno scambio conversazionale sarebbero di tre ordini diversi (relativi alla situazione, al contesto linguistico e alle conoscenze comuni)[33]. I campi di studio più interessanti sono forniti da situazioni di disparità nei ruoli ricoperti dagli interlocutori: nell'interazione adulto-bambino, la quale si ripete nel contesto scolastico nell'interazione di classe, negli scambi conversazionali asimmetrici tra terapeuta e paziente, ricercatore-intervistato, giudice-accusato e via dicendo.

Una ricerca interazionale sull'analisi della conversazione applicata a una situazione scolastica venne svolta proprio da F. Orletti e P. Tieri, che esaminarono un campione di studenti romani di terza media[34]. La situazione formale consisteva nella descrizione di alcune vignette, mentre quella informale in un'impostazione amichevole del discorso tra due studenti riguardo a questioni scolastiche alla presenza – discreta – di un ricercatore. L'analisi dei dati è di tipo sintattico-semantico, con riferimento alla deissi, alla costruzione di coordinate e subordinate, la cui complessità deriverebbe, secondo le ricercatrici, non dall'origine sociale del parlante bensì dalle sue capacità intellettive e dalla gestione della situazione in cui si viene a trovare[35]. Che l'interazione in contesti formali sia poco realistica è oramai un dato di fatto da tempo acquisito in sociolinguistica. Situazioni che richiedono un certo grado di formalità come l'elicitazione di dati durante un'intervista, configurano un rapporto di disparità tra chi partecipa all'interazione linguistica, disparità che si ripropone in alcuni contesti quotidiani specifici come la *classe*. Lo studio di queste situazioni può aiutare a capire i meccanismi di funzionamento dell'interazione fra insegnante e alunni e avere quindi importanti riflessi nel campo della didattica.

Negli anni Settanta le ricerche in tal senso sono state condotte dai linguisti inglesi J. Sinclair e R. Coulthard proprio all'interno di una classe per isolare le componenti costitutive di una lezione, intesa come l'unità del discorso di grado più alto che si possa verificare in una situazione scolastica. Così i ricercatori individuano come unità della comunicazione linguistica «not the symbol, word or sentence, but the production of those in the performance of an act»[36], e sono considerati gli enunciati nel contesto in cui vengono realizzati e come parte di un discorso più ampio. Sono esaminate e inserite nell'analisi descrittiva delle interazioni di classe le mosse (*moves*) di apertura (*openinig*), risposta (*answering*) e prosecuzione (*follow-up*) di momenti specifici della lezione che hanno a che fare, per esempio, con la spiegazione, la valutazione di una prova o i commenti dell'insegnante.

Il modello di Sinclair e Coulthard considera quei generi di interazioni che sono estremamente asimmetrici, dove, cioè, la figura dell'insegnante è centrale e dominante. Tuttavia, come dimostra una ricerca diretta da G. Berruto, non mancano in classe momenti di insubordinazione, specie a livello della scuola superiore, dove alcuni alunni manifestano apertamente la volontà di mettere in discussione l'autorità dell'insegnante e quindi opporre resistenza ai ruoli predeterminati dalla situazione di classe: non sempre si può prevedere il tacito assenso degli alunni alla propria condizione di subalterni. Così, «il fluire dell'interazione verbale in classe risulta più ricco e meno rigido di quanto si potesse prevedere, e l'insegnante ha un controllo assai minore del creduto sullo svolgimento dell'interazione»[37]. Anche in questi casi, comunque, si ravvisa una ripetizione della struttura sequenziale in tre momenti (apertura, risposta, continuazione), però diverse sono le finalità, perché si tratta di mettere in dubbio i ruoli dell'alunno da una parte e dell'insegnante dall'altra.

Lo studio dell'organizzazione sequenziale della lezione e di alcuni suoi momenti come la valutazione delle conoscenze acquisite dall'alunno può aiutarci a capire come l'adulto, in questo caso l'insegnante, possa condizionare con le sue aspettative e le sue reazioni, sia verbali che non verbali, la produzione del discente e lo sviluppo della sua competenza comunicativa.

4. 6. LA SOCIOLINGUISTICA E LO STUDIO DEL COMPORTAMENTO SOCIALE

Già nella prima metà del Novecento molti linguisti avevano dato spazio ad un'interpretazione di carattere sociale del linguaggio e del suo ambito d'uso. In Gran Bretagna, J. R. Firth aveva proposto di classificare gli atti linguistici in base al loro valore sociale. M. Halliday ha continuato a sua volta il tentativo di elaborare una tassonomia delle categorie grammaticali in base alle funzioni del linguaggio (ideativa, interpersonale, testuale). Infatti, Halliday sottolinea che «lo studio del linguaggio come comportamento sociale non è solo rilevante per la comprensione della struttura sociale, ma anche per la comprensione della natura del linguaggio»[38], e d'altronde oramai in diverse aree disciplinari interessate all'argomento si sottolinea che «un fatto significativo circa il comportamento degli esseri umani in relazione al loro ambiente sociale è che gran parte di esso è un comportamento linguistico»[39]. Ecco allora che la lingua e la conoscenza relativa ad essa si pongono come una *forma potenziale* di comportamento e, dunque, di azione.

Non solo dalla linguistica e dalla psicologia del linguaggio (cf. Austin e Searle), ma anche dalla psicologia evolutiva sono giunti insegnamenti sul carattere sociale del comportamento linguistico, con la diffusione dell'opera di A. Luria e L. Vygotsky. Quest'ultimo così scriveva: «la funzione primaria del linguaggio, sia nei bambini che negli adulti, è la comunicazione, il contatto sociale»[40].

Gli studi sociolinguistici hanno aiutato ad approfondire questioni basilari inerenti alla descrizione di come si apre, si svolge e si chiude un'interazione in una società o presso un gruppo ristretto di persone, sia in comunità vicine a quella europea e statunitense, sia in realtà esotiche. Dagli studi compiuti sul comportamento linguistico emerge che il modo di parlare di chi ci sta di fronte fornisce indicazioni di utilità immediata; alcuni tratti linguistici, per esempio, danno una immagine complessiva della persona a proposito della sua nazionalità, dell'età, del sesso, del grado di istruzione, persino del suo stato emotivo. In questo senso, ai metodi di analisi usati dalla sociolinguistica va riconosciuto il merito di aver compreso, nello studio del linguaggio, fattori rilevanti di natura non prettamente linguistica che hanno di fatto un ruolo importante nel caratterizzare l'emittente.

Infatti, specie all'interno del metodo interazionale, sono stati ampiamente analizzati i gesti, la mimica, i fatti prosodici che si manifestano durante lo scambio conversazionale.

Di un certo rilievo è l'aver dimostrato, con l'uso di tecniche di valutazione degli atti di *parole* di alcuni soggetti (per esempio con la tecnica del travestimento di voci a confronto), che «il comportamento linguistico può [...] rivelare sia l'identità reale sia l'identità ricercata»[42] di un individuo, provando nel contempo come «nei nostri incontri quotidiani noi esprimiamo giudizi circa gli stati e le condizioni di altre persone e rendiamo disponibili agli altri informazioni per formulare giudizi su di noi»[42]. Si deve anche alla sociolinguistica se, oggi, c'è una maggiore attenzione e consapevolezza dell'uso che ognuno può fare del linguaggio come strumento capace di trasmettere intenzioni, bisogni e motivazioni attraverso gli atti di *parole*.

NOTE

1 J. Chambers, P. Trudgill, *La dialettologia*, Bologna, Il Mulino, 1987, p. 75.

2 André Martinet, *Elementi di linguistica generale*, Bari, Laterza, 1977, p. 168.

3 Ralph Fasold, *The Sociolinguistics of Society*, Oxford, Basil Blackwell, 1984, p. 71.

4 Ibidem, p. 286.

5 Anna Giacalone Ramat, *Mutamento linguistico e fattori sociali: riflessione tra presente e passato*, in: *Linguistica storica e sociolinguistica*, Roma, Il Calamo, 1998.

6 Lesley Milroy, *Language and Social Networks*, Oxford, Basil Blackwell, 1980, p.84.

7 Lesley Milroy, op. cit. , p. 35.

8 Ibidem, p. 108

9 Ibidem, p. 63.

10 Ibidem, p. 64, "B:/ Ho preso questa casa perché stavano demolendo i bungalow

/ (piano). S: /ah, non ci hanno mandato via / non ci hanno mandato via (più forte)/

lo abbiamo fatto per conto nostro / B: ah, ci siamo trasferiti di nostra iniziativa / (piano). S: siamo degli abusivi / abusivi (molto forte) B: invece non lo siamo /

(molto forte) S: / la prima volta che tu sei arrivata qui eri un'abusiva / perché mi ricordo che dovevo scavalcare il muro del cortile per entrare / (i ragazzi ridono)

B: / va bene, l'abbiamo occupata in quel modo / ".

11 Frederick Williams, *Some Preliminaries and Prospects*, in: *Language and Poverty, Perspectives on a Theme*, Chicago, Markham Publishing Company, 1971, p. 2.

12 Joan Baratz, *Teaching Reading in an Urban Negro School System*, in: *Language and Poverty*, cit. , p. 11.

13 Frederick Williams, *Language, Attitude, and Social Change*, in: *Language and Poverty*, cit. , p. 381.

14 Catherine E. Snow, *Knowledge and the Use of Language*, in: Lynne Feagans, Dale Clark Farran (a cura di), *The Language of Children Reared in Poverty*, New York, Academic Press, 1982, p. 259.

15 Ibidem, p. 260.

16 Roger Shuy, Jana Staton, *Assessing Oral Language Ability in Children*, in: *The Language of Children Reared in Poverty*, New York, Academic Press, 1982, p. 183.

17 Courtney Cazden, *The Neglected Situation in Child Language Research and Education*, in: *Language and Poverty*, cit.

18 Robert Di Pietro, *Lingue a confronto*, Roma, Armando Editore, 1977, p. 43; titolo originale: *Language Structures in Contrast*, Rowley, Massachusetts, Newbury House Publishers, 1971.

19 Heidi Duley, Marina Burt, Stephen Krashen, *La seconda lingua*, Bologna, Il Mulino, 1985, p. 113; titolo originale: *Language Two*, New York, Oxford University Press, 1982.

20 Ibidem, p. 340.

21 David Wilkins, *Linguistica e insegnamento delle lingue*, Bologna, Zanichelli, 1973, p.105 titolo originale: *Linguistics in Language Teaching*, London, Edward Arnold, 1975.

22 Ibidem, p. 160.

23 David Wilkins, *I programmi nozionali*, Bologna, Zanichelli, 1977, p. 12; titolo originale: *Notional Syllabuses*, Oxford University Press, 1976.

24 Ibidem, p. 20.

25 Agostino Roncallo, *Competenza comunicativa e appropriatezza del messaggio*, in: *Lingua variabile, Sociolinguistica e didattica della lingua*, a cura di E. Lugarini, A. Roncallo, Firenze, La Nuova Italia, 1992, p. 164.

26 Franca Orletti, *Introduzione*, in: *Comunicare nella vita quotidiana*, a cura di F. Orletti, Bologna, Il Mulino, 1983, p. 17.

27 Franca Orletti, *Pratiche di glossa*, in: *Comunicare nella vita quotidiana*, cit. , pp. 77-103.

28 Ibidem, p. 94.

29 Ibidem, p. 95.

30 Ibidem, p. 93.

31 L. Camaioni, C. Bascetta, *Come si costruisce l'interlocutore: un'analisi del linguaggio degli adulti a bambini pre-linguistici*, in: *Comunicare nella vita quotidiana*, cit. , p. 206.

32 Franca Orletti, *Problemi di analisi conversazionale*, in: *Aspetti sociolinguistici dell'Italia contemporanea*, Atti dell'VIII Congresso Internazionale di Studi, Bressanone, 31 maggio-2 giugno 1974, a cura di R. Simone, G. Ruggiero, Roma, Bulzoni, 1977, p. 116.

33 Ibidem.

34 Franca Orletti, Paola Tieri, *Linguaggio e contesto sociale*, in: *Aspetti sociolinguistici*, cit. , pp. 197-212.

35 Ibidem, p. 206.

36 J. Sinclair, R. Coulthard, *Towards an Analysis of Discourse, The English used by teachers and pupils*, London, Oxford University Press, 1975, p. 14.

37 G. Berruto, T. Finelli, A. Miletto, *Aspetti dell'interazione verbale in classe: due casi italiani*, in: *Comunicare nella vita quotidiana*, cit. , p. 202.

38 Michael Halliday, *Il linguaggio in una prospettiva sociale*, in: P. P. Giglioli (a cura di), *Linguaggio e società*, Bologna, Il Mulino, 1973, p. 256.

39 Ibidem, p. 237.

40 Lev S. Vygotsky, *Pensiero e linguaggio*, Firenze, Universitaria, 1966, p. 37.

41 W. Peter Robinson, *Linguaggio e comportamento sociale*, Bologna, Il Mulino, 1978, p. 88; opera originale: Language and Social Behavior, Harmondsworth, Penguin Books, 1972.

42 Ibidem, p. 97.

Conclusioni

Quando si parla di "sociolinguistica anglo-americana" sorprende da un lato la vastità di una disciplina di origine così recente, dall'altro una contraddizione interna tra quanti di sociolinguistica sostengono di occuparsi. La delimitazione dei contenuti e dei campi di applicazione può risultare un'impresa ardua, o che almeno si configura per un non esperto del settore come un campo del sapere in espansione e dai confini imprecisi. La natura di questa configurazione ambigua della sociolingusitica è emersa proprio nella denominazione, dato che abbondano in proposito proposte terminologiche alternative – sociologia del linguaggio, linguistica sociale, etnolinguistica, antropologia linguistica. Nel presente lavoro si è cercato di configurare la sociolinguistica come una branca della linguistica generale, sebbene i rapporti reciproci siano, non di rado, conflittuali.

Al di là di questo aspetto irrisolto, c'è un altro dissenso non marginale che caratterizza la metodologia sociolinguistica e che riguarda il modo di considerare categorie astratte come la classe sociale, nel caso in cui lo si consideri un fattore degno di considerazione (nella sociolinguistica di tipo correlativo è un fattore d'analisi rilevante), oppure quando bisogna identificare una comunità linguistica (e allora si propongono analisi sui rapporti interpersonali e si cerca la condivisione di regole d'uso linguistico). Corollari inerenti all'osservazione diretta dell'uso linguistico hanno a che fare con l'attendibilità dei dati e delle tecniche di raccolta, con il criterio adottato dal sociolinguista nel reperire gli elementi linguistici (di tipo fonetico, morfologico, sintattico, semantico) significativi e rappresentativi ai fini della ricerca in modo da poter compiere astrazioni e generalizzazioni che riguardano non un solo individuo, bensì un gruppo di persone. Da più parti si è auspicata una maggiore convergenza sugli elementi extra-linguistici che possono interessare il linguista, con la necessità di raffinare cioè concetti astratti come prestigio, valutazioni, motivazioni, attitudini e rispettivi parametri di misurazione.

Lo sviluppo della sociolinguistica in Gran Bretagna e negli Stati Uniti è stato favorito da un contesto sociale specifico, nel quale si è manifestato un sostegno esplicito all'avanzamento delle conoscenze in questo campo da parte di enti governativi, anche tramite aiuti economici. La speranza era di sanare conflitti sociali attraverso una disciplina che, occupandosi di fatti linguistici entro una cornice quotidiana, cercasse di promuovere l'integrazione di gruppi etnici diversi in luoghi di formazione, come per esempio le scuole, o sul posto di lavoro. Si è sottolineato con enfasi quanto sia rischioso avanzare ipotesi di inferiorità linguistica di studenti con scarso rendimento scolastico o mettere in dubbio le capacità intellettuali di chi proviene da una classe sociale inferiore. Si è trattato di individuare tutto ciò che può far parte della serie di condizioni non solo linguistiche che influenzano la differenziazione nell'uso linguistico.

Nonostante le molteplici obiezioni e critiche, la discutibilità di alcuni concetti e strumenti, le analisi condotte sull'uso della lingua inglese presso parlanti, nativi e non, hanno svelato alcuni importanti meccanismi, anche inconsapevoli, inerenti al modo di porsi nei confronti della diversità linguistica e culturale insieme. La sociolinguistica anglo-americana ha posto l'attenzione su aspetti solitamente marginali, dando spazio anche a considerazioni sulla correttezza della lingua, su come trattare e considerare gli errori, le interferenze, le commutazioni di codice, gli stili contestuali, i transfert linguistici, dimostrando una certa sensibilità nei confronti delle lingue creole e pidgin, che fino alla metà del secolo scorso erano trattate come degenerazioni linguistiche di scarso rilievo.

Attraverso lo studio sociolinguistico del linguaggio si è impostato il problema del rapporto tra struttura linguistica e struttura sociale da una prospettiva soprattutto consapevole dell'orientamento sociale del linguaggio, descrivendo dinamiche e processi di socializzazione, di integrazione, di conflittualità che si esprimono in quel comportamento sociale quotidiano di cui la componente verbale è una manifestazione oltremodo significativa.

Bibliografia

AA VV, *Horizons of Anthropology*, a cura di Sol Tax, Chicago, Aldine Publishing Company, 1964.

AA VV, *Language and Poverty. Perspectives on a Theme*, a cura di Frederick Williams, Chicago, Markham Publishing Company, 1970.

AA VV, *Pidginization and Creolization of Languages*, a cura di Dell Hymes, London, Cambridge University Press, 1971.

AA VV, *Directions in Sociolinguistics. The Ethnography of Communication*, a cura di John J. Gumperz, Dell Hymes, New York, Holt, Rinehart and Winston, 1972.

AA VV, *Linguaggio e società*, a cura di Pier Paolo Giglioli, Bologna, Il Mulino, 1973.

AA VV, *Pidgins and Creoles: Current Trends and Prospects*, a cura di David DeCamp, Ian F. Hancock, Washington, Georgetown University Press, 1974.

AA VV, *Pidgin and Creole Linguistics*, a cura di Albert Valdman, Bloomington and London, Indiana University Press, 1977.

AA VV, *Language and Sex: Difference and Dominance*, a cura di Barrie Thorne, Nancy Henley, Rowley, Massachusetts, Newbury House Publishers, 1975.

AA VV, *Nuove tendenze della linguistica storica*, a cura di W. P. Lehmann e Y. Malkiel, Bologna, Il Mulino, 1977, titolo originale *Directions for Historical Linguistics. A symposium*, Austin and London, University of Texas Press, 1968.

AA VV, *Aspetti sociolinguistici dell'Italia contemporanea*, "Atti dell'VIII Congresso Internazionale di Studi", Bressanone, 31 maggio-2 giugno 1974, a cura di Raffaele Simone, Giulianella Ruggiero, Roma, Bulzoni, 1977.

AA VV, *Gli atti linguistici. Aspetti e problemi di filosofia del lingaggio*, a cura di Marina Sbisà, Milano, Feltrinelli, 1978-

AA VV, *Sociolinguistic Patterns in British English*, a cura di Peter Trudgill, London, Edward Arnold, 1978.

AA VV, *Language in the USA*, a cura di Charles A. Ferguson, Shirley Brice Heath, Cambridge, Cambridge University Press, 1981.

AA VV, *Writing: The Nature, Development, and Teaching of Written Communication*, a cura di Marcia Farr Whiteman, vol. I, *Variation in Writing: Functional and Linguistic-Cultural Differences*, Hillsdale, Lawrence Erlbaum Associates, 1981.

AA VV, *Language and social identity*, a cura di John J. Gumperz, Cambridge, Cambridge University Press, 1982.

AA VV, *The Language of Children Reared in Poverty*, a cura

di Lynne Feagans, Dale Clark Farran, New York, Academic Press, 1982.

AA VV, *The Sociogenesis of Language and Human Conduct*, a cura di Bruce Bain, New York, Plenum Press, 1983.

AA VV, *Comunicare nella vita quotidiana*, a cura di Franca Orletti, Bologna, Il Mulino, 1983.

AA VV, *The Fergusonian Impact: in Honor of Charles A. Ferguson on the Occasion of His 65th Birthday. 1. From Phonology to Society, 2. Sociolinguistics and the Sociology of Language*, a cura di J. Fishman, Berlin, Mouton de Gruyter, 1986.

AA VV, *Lingua variabile, Sociolinguistica e didattica della lingua*, a cura di E. Lugarini, A. Roncallo, Firenze, La Nuova Italia, 1992.

AA VV, *Linguistica storica e sociolinguistica*, "Atti del Convegno della Società Italiana di Glottologia", 22-24 ottobre 1998, a cura di P. Cipriano, R. d'Avino, P. Di Giovine, Roma, Il Calamo, 1998.

JOHN L. AUSTIN, *Performativo-constantivo*, in: AA VV, *Gli atti linguistici. Aspetti e problemi di filosofia del linguaggio*, a cura di M. Sbisà, Milano, Feltrinelli, 1978, pp. 49-60; titolo originale-*Performatif-Constantif*, in *La Philosophie analytique*, a cura di H. Bera, Paris, Editions de Minuit, 1962.

JOHN L. AUSTIN, *Come agire con le parole*, in: AA VV, *Gli Atti linguistici, Aspetti e problemi di filosofia del linguaggio*, a cura di M. Sbisà, Milano, Feltrinelli, 1978, pp. 61-80; titolo originale *How to Do Things with Words*, The William James Lectures at Harward University, 1955, a cura di J. O. Urmson, London, Oxford University Press, 1962.

BRUCE BAIN, *Introduction*, in: AA VV, *The Sociogenesis of Human Conduct*, a cura di Bruce Bain, New York, Plenum Press, 1983.

JOAN BARATZ, *Teaching Reading in an Urban Negro School System*, in: AA VV, *Language and Poverty*, a cura di F. Williams, Chicago, Markham Publishing Company, 1970, pp. 11-24.

WALTER BELARDI, *Linguistica storica e sociolinguistica*, in: AA VV, *Atti del convegno della Società Italiana di Glottologia*, Roma, Il Calamo, 1998, pp. 11-22.

BASIL BERNSTEIN, *Classe sociale, linguaggio e socializzazione*, in: AA VV, *Linguaggio e società*, a cura di P. P. Giglioli, Bologna, Il Mulino, 1973, pp. 215-235.

GAETANO BERRUTO, *Fondamenti di sociolinguistica*, Bari, Laterza, 1995.

GAETANO BERRUTO, TIZIANA FINELLI, ANNA MILETTO, *Aspetti dell'interazione verbale in classe: due casi italiani*, in: AA VV, *Comunicare nella vita quotidiana*, a cura di F. Orletti, Bologna, Il Mulino, 1983, pp. 175-204.

JAN-PETER BLOM, JOHN J. GUMPERZ, *Social Meaning in Linguistic Structures: Code-Switching in Norway*, in: AA VV, *Directions in Sociolinguistics. The Ethnography of Communication*, a cura di J. J. Gumperz, D. Hymes, New York, Holt, Rinehart and Winston, 1972, pp. 407-434.

LEONARD BLOOMFIELD, *Language*, New York, Henry Holt and Company, 1933.

LUIGIA CAMAIONI, CRISTINA BASCETTA, *Come si costruisce l'interlocutore: un'analisi del linguaggio degli adulti a bambini pre-linguistici*, in: AA VV, *Comunicare nella vita quotidiana*, a cura di F. Orletti, Bologna, Il Mulino, 1983, pp. 205-214.

GIORGIO RAIMONDO CARDONA, *Dizionario di linguistica*, Roma, Armando Editore, 1988.

COURTNEY B. CAZDEN, *Peekaboo as an Instructional Model: Discourse Development at Home and at School*, in: AAVV, *The*

Sociogenesis of Human Conduct, a cura di Bruce Bain, New York, Plenum Press, 1983, pp. 35-58.

COURTNEY B. CAZDEN, *The Neglected Situation in Child Language Research and Education*, in: AA VV, *Language and Poverty, Perspectives on a Theme*, a cura di F. Williams, Chicago, Markham Publishing Company, 1970, pp. 81-101.

JOHN K. CHAMBERS, PETER TRUDGILL, *La dialettologia*, Bologna, Il Mulino, 1987, titolo originale: *Dialectology*, Cambridge, Cambridge University Press, 1980.

NOAM CHOMSKY, *Aspects of the Theory of Syntax*, Cambridge Mass, MIT Press, Cambridge, Mass. , 1965.

ROBERT DI PIETRO, *Lingue a confronto*, Roma, Armando Editore, 1977; titolo originale: *Language Structures in Contrast*, Rowley, Massachusetts, Newbury House Publishers, 1971.

NORBERT DITTMAR, *Manuale di sociolinguistica*, Bari, Laterza, 1978, titolo originale: *Soziolinguistik*, Frankfurt am Main, Athenaeum, 1973.

C. J. DODSON, *Bilingualism and a Sense of "Peopleness"*, in: AA VV, *The Fergusonian Impact*, a cura di J. Fishman, vol. II, Berlin, Mouton de Gruyter, 1986, pp. 387-393.

W. DOWNES, *Language and Society*, London, Fontana, 1984.

HEIDI DULEY, MARINA BURT, STEPHEN KRASHEN, *La seconda lingua*, Bologna, Il Mulino, 1985, titolo originale: *Language Two*, New York, Oxford, 1982.

RALPH FASOLD, *The Sociolinguistics of Society*, Oxford, Basil Blackwell, 1984.

CHARLES FERGUSON, *La diglossia*, in: AA VV, *Linguaggio e società*, a cura di P. P. Giglioli, Bologna, Il Mulino, 1973, pp. 281-300.

JOSHUA FISHMAN, *La sociologia del linguaggio*, in: AA

VV, *Linguaggio e società*, a cura di P. P. Giglioli, Bologna, Il Mulino, 1973, pp. 49-63.

MICHEL FOUCAULT, *Le parole e le cose*, Milano, Biblioteca Universale Rizzoli, 1994.

JACK GOODY, *The domestication of the savage mind*, Cambridge University Press, 1977.

JACK GOODY, IAN WATT, *Le conseguenze dell'alfabetizzazione*, in: AA VV, *Linguaggio e società*, a cura di P. P. Giglioli, Bologna, Il Mulino, 1973, pp. 361-406.

JENNY COOK-GUMPERZ, JOHN J. GUMPERZ, *From Oral to Written Culture: The Transition to Literacy*, in: AA VV, *Writing: The Nature, Development, and Teaching of Written Communication*, a cura di M. Farr Whiteman, vol I, Hillsdale, New Jersey, Laurence Erlbaum Associates Publishers, 1981, pp. 89-109.

JOHN J. GUMPERZ, *Introduction*, in: AA VV, *Directions in Sociolinguistics, The Ethnography of Communication*, New York, Holt, Rinehart e Winston, 1972, pp. 1-25.

JOHN J. GUMPERZ, *La comunità linguistica*, in: AA VV, *Linguaggio e società*, a cura di P. P. Giglioli, Bologna, Il Mulino, 1973, pp. 269-280.

JOHN J. GUMPERZ, *Fact and inference in courtroom testimony*, in: AA VV, *Language and social identity*, a cura di John J. Gumperz, Cambridge, Cambridge University Press, 1982, pp. 163-195.

MICHAEL A. K. HALLIDAY, *Struttura linguistica e funzione linguistica*, in: AAVV, *Nuovi orizzonti della linguistica*, a cura di John Lyons, Torino, Einaudi, 1975, opera originale, *New Horizons in Linguistics*, Harmondsworth, Penguin Books, 1970, pp. 165-198.

MICHAEL A. K. HALLIDAY, *Il linguaggio in una prospetti-*

va sociale, in: AA VV, *Linguaggio e società*, a cura di P. P. Giglioli, Bologna, Il Mulino, 1973, pp. 237-262.

MICHAEL A. K. HALLIDAY, *Language as social semiotic: The social interpretation of language and meaning*, London, Edward Arnold, 1978.

MICHAEL A. K. HALLIDAY, *Il ruolo della prospettiva funzionale di frase nel sistema della descrizione linguistica*, in: AA VV, *Universali linguistici*, a cura di F. Ravazzoli, Milano, Feltrinelli, 1979, pp. 108-118.

ADRIENNE HARRIS, *Language and Alienation*, in: AAVV, *The Sociogenesis of Human Conduct*, a cura di Bruce Bain, New York, Plenum Press, 1983, pp. 99-108.

SHIRLEY B. HEATH, *Toward an Ehnohistory of Writing in American Education*, in: AA VV, *Writing: The Nature, Development, and Teaching of Written Communication*, a cura di M. Farr Whiteman, vol. I, Hillsdale, Lawrence Erlbaum Associates, 1981, pp. 25-45.

SHIRLEY B. HEATH, *English in our language heritage*, in: AA VV, *Language in the USA*, a cura di C. A. Ferguson, S. B. Heath, Cambridge, Cambridge University Press, 1981, pp. 6-20.

MELVILLE J. HERSKOVITS, *Il mito del passato negro*, Firenze, Vallecchi Editore, 1974, titolo originale: *The Myth of the Negro Past*, Gloucester (Mass.), Peter Smith, 1970.

ROBERT A. HUDSON, *Sociolinguistica*, Bologna, Il Mulino, 1980, titolo originale: *Sociolinguistics*, Cambridge University Press, Cambridge, 1980.

DELL HYMES, *A Perspective for Linguistic Anthropology*, in: AA VV, *Horizons of Anthropology*, a cura di Sol Tax, Chicago, Aldine Publishing Company, 1964, pp. 92-107.

DELL HYMES, *Models of the Interaction of Language and*

Social Life, in: AA VV, *Directions in Sociolinguistics. The Ethnography of Communication*, a cura di J. J. Gumperz, D. Hymes, New York, Holt, Rinehart e Winston, 1972, pp. 35-71.

DELL HYMES, *Report from an Underdeveloped Country: Toward Linguistic Competence in the United States*, in: AA VV, *The Sociogenesis of Human Conduct*, a cura di B. Bain, New York, Plenum Press, 1983, pp. 189-224.

DELL HYMES, *Verso un'etnografia della comunicazione: l'analisi degli eventi comunicativi*, in: AA VV, *Linguaggio e società*, a cura di P. P. Giglioli, Bologna, Il Mulino, 1973, pp. 65-88.

DELL HYMES, *La competenza comunicativa*, in: AA VV, *Universali linguistici*, a cura di Flavia Ravazzoli, Milano, Feltrinelli, 1979, pp. 212-243.

ROMAN JAKOBSON, *Saggi di linguistica generale*, Milano, Feltrinelli, 1966.

T. C. JUPP, CELIA ROBERTS, JENNY COOK-GUMPERZ, *Language and disadvantage: the hidden process*, in: AA VV, *Language and social identity*, a cura di John J. Gumperz, Cambridge, Cambridge University Press, 1982, pp. 232-256.

GABRIELLA KLEIN, *La sociolinguistica*, Firenze, La Nuova Italia Editrice, 1977.

CLAUDIA MITCHELL-KERNAN, *Signifying and Marking: Two Afro-American Speech Acts*, in: AA VV, *Directions in Sociolinguistics. The Ethnography of Communication*, a cura di J. J. Gumperz, D. Hymes, New York, Holt, Rinehart and Winston, 1972, pp. 161-179.

CHERIS KRAMER, *Women's Speech: Separate But Unequal?*, in: AA VV, *Language and Sex: Difference and Dominance*, a cura di B. Thorne, N. Henley, Rowley, Massachusetts, Newbury House Publishers, 1975, pp. 43-56.

WILLIAM LABOV, *Sociolinguistic Patterns*, Oxford, Blackwell, 1972.

WILLIAM LABOV, *Il continuo e il discreto nel linguaggio*, Bologna, Il Mulino, 1977.

WILLIAM LABOV, *Language in the Inner City: Studies in the Black English Vernacular*, Oxford, Basil Blackwell, 1972.

ROBIN LAKOFF, *La logica della cortesia, ovvero, bada a come parli*, in: AA VV, *Gli atti linguistici, Aspetti e problemi di filosofia del linguaggio*, a cura di Marina Sbisà, Milano, Feltrinelli, 1978, pp. 220-239; titolo originale: *The Logic of Politeness; or, Minding your P's and Q's*, in "Papers from the Ninth Regional Meeting of the Chicago Linguistic Socety", 13-15 aprile 1973, a cura di C. Corum, T. C. Smith-Stark, A. Weiser, Chicago, University of Chicago, 1973.

WILLIAM LEAP, *American Indian languages*, in: AA VV, *Language in the USA*, a cura di C. A. Ferguson, S. B. Heath, Cambridge, Cambridge University Press, 1981, pp. 116-144.

MAURICE LEROY, *Profilo storico della linguistica moderna*, Bari, Laterza, 1993.

ANDRE' MARTINET, *Presentazione*, in: URIEL WEINREICH, *Lingue in contatto*, Torino, Boringheri, 1974, pp. XXXIX-XLI.

ANDRE' MARTINET, *Elementi di linguistica generale*, Bari, Laterza, 1977.

K. B. MAYER, *Class and Society*, New York, Random House, 1955.

LESLEY MILROY, *Language and Social Networks*, Oxford, Basil Blackwell, 1980.

ALBERTO MIONI, *Le macrocause dei mutamenti linguistici e i loro effetti*, in: AA VV, *Linguistica storica e sociolinguistica*,

Atti del Convegno della Società Italiana di Glottologia, a cura di P. Cipriano, R. d'Avino, P. Di Giovine, Roma, Il Calamo, 1998, pp. 122-162.

ASHLEY MONTAGU, *Toolmaking, Hunting, and the Origin of Language*, in: AA VV, *The Sociogenesis*, a cura di B. Bain, New York, Plenum Press, 1983, pp. 3-14.

PATRICIA C. NICHOLS, *Creoles of the USA*, in: AA VV, *Language in the USA*, a cura di C. A. Ferguson, S. B. Heath, Cambridge, Cambridge University Press, 1981, pp. 69-91.

CHRISTINA BRATT PAULSTON, *Social Factors in Language Maintenance and Language Shift*, in: AA VV, *The Fergusonian Impact*, a cura di J. Fishman, vol. II, Berlin, Mouton de Gruyter, 1986, pp. 493-511.

WALKER PERCY, *The message found in a bottle*, New York, Farrar, Straus e Giroux, 1975.

JOHN B. PRIDE, *The Social Meaning of Language*, London, Oxford University Press, 1971.

JOHN B. PRIDE, *Sociolinguistica*, in: AA VV, *Nuovi orizzonti della linguistica*, a cura di J. Lyons, Torino, Einaudi, 1970, pp. 359-377.

FRANCA ORLETTI, *Pratiche di glossa*, in: AA VV, *Comunicare nella vita quotidiana*, a cura di F. Orletti, Bologna, Il Mulino, 1983, pp. 77-103.

FRANCA ORLETTI, *Problemi di analisi conversazionale*, in: *Aspetti sociolinguistici dell'Italia contemporanea*, "Atti dell'VIII Congresso Internazionale di Studi", Bressanone, 31 maggio-2 giugno 1974, a cura di R. Simone, G. Ruggiero, Roma, Bulzoni, 1977, pp. 115-125.

FRANCA ORLETTI, PAOLA TIERI, *Linguaggio e contesto sociale*, in: *Aspetti sociolinguistici dell'Italia contemporanea*, "Atti dell'VIII Congresso Internazionale di Studi", Bressanone, 31 maggio-2 giugno 1974, a cura di R. Simone, G. Ruggiero, Roma, Bulzoni, 1977, pp. 197-212.

CHAIM RABIN, *Language Revival and Language Death*, in: AA VV, *The Fergusonian Impact*, a cura di J. Fishman, vol. II, Berlin, Mouton de Gruyter, 1986, pp. 543-554.

ANNA GIACALONE RAMAT, *Mutamento linguistico e fattori sociali: riflessione tra presente e passato*, in: AA VV, *Linguistica storica e sociolinguistica*, "Atti del Convegno della Società Italiana di Glottologia", a cura di P. Cipriano, R. d'Avino, P. Di Giovine, Roma, Il Calamo, 1998, pp.45-78.

LORENZO RENZI, *Prefazione*, in: William Labov, *Il continuo e il discreto nel linguaggio*, Roma, Il Mulino, 1975, pp. 7-20.

JOHN R. RICKFORD, *The insights of the mesolects*, in: AA VV, *Pidgins and Creoles: Current Trends and Prospects*, a cura di D. DeCamp, I. F. Hancock, Washington, Georgetown University Press, 1974, pp. 92-117.

WILLIAM P. ROBINSON, *Linguaggio e comportamento sociale*, Bologna, Il Mulino, 1978; titolo originale: *Language and Social Behaviour*, Harmondsworth, Penguin Books, 1972.

AGOSTINO RONCALLO, *Competenza comunicativa e appropriatezza del messaggio*, in: AA VV, *Lingua variabile*, a cura di E. Lugarini, A. Roncallo, Firenze, La Nuova Italia, 1992, pp. 163-173.

EDWARD SAPIR, *Il linguaggio*, Torino, Einaudi, 1969; titolo originale: *Language*, New York, Harcourt, Brace & World, 1921.

FERDINAND DE SAUSSURE, *Corso di linguistica generale*, Bari, Laterza, 1967.

MURIEL SCHULZ, *The semantic derogation of woman*, in:

AA VV, *Language and Sex: Difference and Dominance*, a cura di B. Thorne, N. Henley, Rowley, Massachusetts, Newbury House Publishers, 1975, pp. 64-75.

JOHN R. SEARLE, *Per una tassonomia degli atti illocutori*, in: AA VV, *Gli atti linguistici, Aspetti e problemi di filosofia del linguaggio*, a cura di Marina Sbisà, Milano, Feltrinelli, 1978, pp. 168-198; titolo originale: *A Taxonomy of Illocutory Acts*, in "Minnesota Studies in the Philosophy of Science", vol. VII: *Language, Mind and Knowledge*, a cura di K. Gunderson, Minneapolis, University of Minnesota Press, 1975.

JOHN R. SEARLE, *Atti linguistici indiretti*, in: AA VV, *Gli atti linguistici, Aspetti e problemi di filosofia del linguaggio*, a cura di Marina Sbisà, Milano, Feltrinelli, 1978, pp. 252-280; titolo originale: *Indirect Speech Acts*, in *Syntax and Semantics - Speech Acts*, a cura di P. Cole e J. L. Morgan, New York e London, Academic Press, 1975.

JOHN R. SEARLE, *Che cos'è un atto linguistico?*, in: AA VV, *Linguaggio e società*, a cura di P. P. Giglioli, Bologna, Il Mulino, 1973, pp. 89-107.

MICHELE SERRA, *Quel vecchio caro libro*, in "La Repubblica", 16 gennaio 2002.

ROGER SHUY, JANA STATON, *Assessing Oral Language Ability in Children*, in: AA VV, *The Language of Children Reared in Poverty*, a cura di L. Feagans, D. C. Farran, New York, Academic Press, 1982, pp. 181-195.

J. SINCLAIR, R. COULTHARD, *Towards an Analysis of Discourse, The English used by teachers and pupils*, London, Oxford University Press, 1974.

PHILIP M. SMITH, HOWARD GILES, MILES HEWSTONE, *New Horizons in the Study of Speech and Social Situation*, in:

AA VV, *The Sociogenesis of Human Conduct*, a cura di B. Bain, New York, Plenum Press, 1983, pp. 297-310.

CATHERINE SNOW, *Knowledge and the Use of Language*, in: AA VV, *The Language of Children Reared in Poverty*, a cura di Lynne Feagans, Dale Clark Farran, New York, Academic Press, 1982, pp. 257-260.

OSWALD SPENGLER, *Il tramonto dell'occidente*, Milano, Longanesi, 1957.

VERA JOHN-STEINER, PAUL TATTER, *An Interactionist Model of Language Development*, in: AA VV, *The Sociogenesis of Human Conduct*, a cura di B. Bain, New York, Plenum Press, 1983, pp. 79-98.

MARJORIE SWACKER, *The Sex of the Speaker as a Sociolinguistic Variable*, in AA VV, *Language and Sex: Difference and Dominance*, a cura di B. Thorne, N. Henley, Rowley, Massachusetts, Newbury House Publishers, 1975, pp. 76-83.

BARRIE THORNE, NANCY HENLEY, *Difference and Dominance: an Overview of Language, Gender and Society*, in: AA VV, *Language and Sex: Difference and Dominance*, a cura di B. Thorne, N. Henley, Rowley, Massachusetts, Newbury House Publishers, 1975, pp. 5-42.

SUSAN ERVIN-TRIPP, *Activity Type and the Structure of Talk in Second Language Learning*, in: AA VV, *The Fergusonian Impact*, a cura di J. Fishman, vol. I, Berlin, Mouton de Gruyter, 1986, pp. 419-435.

SUSAN ERVIN-TRIPP, *Language and Thought*, in: AA VV, *Horizons of Anthropology*, a cura di S. Tax, Chicago, Aldine Publishing Company, 1964, pp. 81-91.

NIKOLAJ TRUBECKOJ, *Fondamenti di fonologia*, Torino, Einaudi, 1971, titolo originale: *Grundzüge der Phonologie*, Göttingen, Vandenhoeck-Ruprecht, 1939.

PETER TRUDGILL, *Sociolinguistics: an Introduction*, Harmondsworth, Penguin Books, 1983.

PETER TRUDGILL, *Introduction: sociolinguistics and sociolinguistics*, in: AA VV, *Sociolinguistic Patterns in British English*, a cura di Peter Trudgill, London, Edward Arnold, 1978, pp. 1-18.

PETER TRUDGILL, *Sex, Covert Prestige, and Linguistic Change in the Urban British English of Norwich*, in: AAVV, *Language and Sex: Difference and Dominance*, a cura di B. Thorne, N. Henley, Rowley, Massachusetts, Newbury House Publishers, 1975, pp. 88-104.

ALBERTO VARVARO, *La lingua e la società. Le ricerche sociolinguistiche*, Napoli, Guida Editore, 1978.

LEV S. VYGOTSKY, *Pensiero e linguaggio*, Universitaria Barbèra, Firenze, 1966; trad. it. di: *Thought and Language*, a cura di E. Hanfmann e G. Vakar, Chicago, The MIT Press, 1962.

URIEL WEINREICH, *Lingue in contatto*, Torino, Boringheri, 1974, titolo originale *Languages in Contact*, New York, 1953.

URIEL WEINREICH, *Unilinguisme et multilinguisme*, in *Le Langage*, a cura di A. Martinet, Paris, Enciclopédie de La Pléiade, 1968.

URIEL WEINREICH, WILLIAM LABOV, MARVIN HERZOG, *Fondamenti empirici per una teoria del cambiamento linguistico*, in: AA VV, *Nuove tendenze della linguistica storica*, a cura di W. P. Lehmann, Y. Malkiel, Bologna, Il Mulino, 1977, pp. 101-202; titolo originale *Empirical foundations for a theory of linguistic change*, 1968.

BENJAMIN L. WHORF, *Language, Thought, and Reality*, Massachusetts, The M. I. T. Press, 1956

DAVID WILKINS, *Linguistica e insegnamento delle lingue*,

Bologna, Zanichelli, 1973, titolo originale: *Linguistics in Language Teaching*, London, Edward Arnold, 1972.

DAVID WILKINS, *I programmi nozionali*, Bologna, Zanichelli, 1977; titolo originale: *Notional Syllabuses*, Oxford University Press, 1976.

FREDERICK WILLIAMS, *Some Preliminaries and Prospects*, in: AA VV, *Language and Poverty, Perspectives on a Theme*, a cura di Frederick Williams, Chicago, Markham Publishing Company, 1970, pp. 1-9.

FREDERICK WILLIAMS, *Language, Attitude and Social Change*, in: AA VV, *Language and Poverty, Perspectives on a Theme*, a cura di F. Williams, Chicago, Markham Publishing Company, 1970, pp. 380-397.

WALT WOLFRAM, *A sociolinguistic description of Detroit Negro speech*, Urban Language series, n. 5, Washington, Center for Applied Linguistics, 1969.

D. H. ZIMMERMAN, CANDACE WEST, *Sex Roles, Interruptions and Silences in Conversation*, in: AA VV, *Language and Sex: Difference and Dominance*, a cura di B. Thorne, N. Henley, Rowley, Massachusetts, Newbury House Publishers, 1975, pp. 105-129.

Indice

9 788889 292915 9